吉田新一郎　岩瀬直樹

シンプルな方法で学校は変わる

自分たちに合ったやり方を見つけて
学校に変化を起こそう

――効果10倍の〈学び〉の技法　増補改訂版

みくに出版

はじめに

今から12年前、ぼくが初めて書いたのが本書の元となる『効果10倍の〈学び〉の技法』（PHP新書）です。もう12年も前の出来事。本ができたときの喜びは、昨日のことのようによく覚えています。

今回、その原稿に加筆し、さらに理論編といえる「パート2　なかなか変わらない学校をどう変える？」を加えて、『シンプルな方法で学校は変わる――自分たちに合ったやり方を見つけて学校に変化を起こそう』として皆さんにお届けすることができてうれしい限りです。パート2の部分は、新書版刊行時にはページ数の関係で日の目を見ませんでした。理論編のパート2は、実践編にあたる「パート1　今すぐできる学校改革の具体例」と車の両輪にあたる関係にあると思います。今回、両方が一つの本のなかで読めるようになったことで、読者の皆さんにはより役に立つ本になったのではないかと思います。

以下は12年前の「はじめに」です。

「学校や教育がこのままではいけない」ということは多くの人の間で（現場の教師も含めて）共有できていると思いますが、この議論のベースにあるのは、学校や教師への不信感です。この不信感を背景にして、拙速な教育改革が（またしても！）行われようとしています。

これらの教育改革は、マイナスの部分に焦点を当ててなんとかしようというアプローチです。私たちは、このアプローチは成功しないだろうと考えています。

なぜなら、これらによって学校はますますディパワーして（元気がなくなって）いくからです。そもそも、「教師や学校を信頼していない」というメッセージを含んだアプローチがどうして成功するでしょうか？

今、学校現場では、ただでさえ行政から「これをやるとよくなる」というものが次々と実施を迫られています。コンピューター教育、英語教育、キャリア教育、食育、防災教育、教員評価、学校評価などなど。続けざまの要求に、学校は「言われたからとりあえず実施しなくては」という受身のスタンスになっています。

しかし、時間や予算、人員など、学校のリソース（資源）には限りがあります。一つ足されるたびに、必ずどこかへしわ寄せが行きます。そして、本来、時間をかけなくてはいけないこ

◆　◆　◆

とに、十分な時間をかけられなくなっています。どんどん増えてくる要求への対応に追われ、けちをつけられない程度に「こなす」、その結果、モチベーションはどんどん下がり、一番大切なものが犠牲になっているのが、残念ながら今の学校の現状です。教師たちは「疲れ」、次々に上から降ってくる「改革」に「またか……」と無力感を抱いているのです。

そうではなく、学校や教師をエンパワーすることが大切だと私たちは考えます。エンパワーするとは、「元気にする、やる気にする」という意味です。やる気のある教師がどうすればさらに成長し、プロの教師に成長していくかに焦点を当てていくことが大切です。と同時に、どうすれば学校や教師が元気になるか、やる気になれるか、そこにこそ学校改革のポイントがあります。欠陥に焦点を当てる「欠陥モデル」ではなく、どうすれば一人ひとりの教師が成長していくかという「成長モデル」への転換です。

「でも、今でも十分忙しいのに、これ以上新しいことはできないよ」
「これ以上努力しろというの？　こんなにがんばっているのに……」
という声も聞こえてきそうです。この本は、まさにそういう声に応えるために書きました。「今以上にがんばろう」というのではなく、「今までの時間の使い方を変えよう。やり方や発想を変えて取り組んでみよう。そうすれば今までと同じ労力で（あるいはもっと楽に）、学校を変えられる。学校や先生が元気になれます！」というのが本書の提案です。それも誰にでもできる極めてシンプルな方法で。学校が変われなかったのは、効果的な方法を知らなかったため「変えようがなかった」という側面もあるのです。

「学校を変えよう。学校を改革しよう」というときに、「授業を変えよう」という提案はわかりやすいと思われます。しかし本書ではそれとともに、まず「教師の学び」を変えようということも提案しています。

なぜ教師の学びが大切なのでしょうか。なぜなら、教師が自分たちの成長に向けて意欲的に学び始め、教師同士が学び合い、教え合う学校になれば、その姿は、子どもたちのモデルとなり、子どもたちも意欲的に学び、子ども同士学び合い・教え合うようになるからです。

子どもたちを相手に教えるということは、新しいことを試し続けることも意味しますから、そのためには常に学び続けることが教えることにつながります。その意味でも、教師こそが教育改革の鍵を握っているわけです。


この本にはきっとあなたの（関わっている）学校を変える手がかりがあるはずです。大人の学びを変えるシンプルな方法から、授業改善、新しい評価の仕方、保護者と一緒に変える方法、そして仕組みの変え方まで、たくさんのヒントを選りすぐって紹介しました。

一歩踏み出すことが、大きな変化へのスタートになります。

まずはこの本で紹介されているたくさんのシンプルな方法の中から、一つでも二つでも実行に移してみてください。その一歩がきっと学校を変え、元気にしていくはずです！

アメリカの有名な教育学者がこんなふうに言っていました。

「教育の実践に関する改善は、教師や学校から始まるのであって、政策から改善されたことはない」と。

もはや犯人捜しをしても始まりません。システムが変わらないのならば、まずは私たち一人ひとりが変化の担い手として動き出していきましょう。

◆　◆　◆

当時のまえがきは、まだ少し続きますが、10年以上も前の文章にもかかわらず、学校の状況が、今もなおあまり変わっていないことに愕然とします。

とはいえ、今教育は大きな転換点を迎えています。この本が最初に出た当時よりも、今の方が、この本で提案されていることを「現場を変えることができそう！」「自分（たち）の実践に活かせそう！」と読んでもらえる確信があります。機は熟したのです。

一緒に一歩を踏み出し、試行錯誤を楽しみましょう！

二〇一九年二月

岩瀬直樹

シンプルな方法で学校は変わる
自分たちに合ったやり方を見つけて学校に変化を起こそう
――効果10倍の〈学び〉の技法　増補改訂版

目次

第5章　保護者が変える、保護者と変える……185

第6章　制度・仕組み・ハードを変える……217

第9章　変わるのに必要な七つの方法……291

参考文献・資料の紹介　335

パート1

今すぐできる学校改革の具体例

第1章

まずは大人の学びを変えよう！

——従来の「研修」からの脱却

シンプルな三つの原則で教師のモチベーションが高まる

教師が変わるためには、何が必要でしょうか？　一般的に行われるのは、「校内研修（研究）」です。

しかし、校内研修というと、「大変」「忙しくなり余裕がなくなる」「帰るのが遅くなる」などと否定的なイメージが付きまといがちです。ある小学校で「いやな研修」をブレーンストーミングで出し合いました。その結果は以下の通りです――。

・形式的なもの
・押しつけられたもの
・時間にゆとりがなく、忙しい
・一部の人に負担がかかる
・本音で話し合うことができない
・見通しがもてない
・誰かに任せてしまい、受動的
・理想論で終わってしまう

・不満は言うが、自分は推進しない
・その場限りで終わってしまい継続しない
・何のためにやっているのかわからない

この項目に同意できる方は多いのではないでしょうか。残念ながら、学校で行われている多くの研修が、このような声を発せざるをえない状況で実施されています。

本来、学ぶこと、自分自身が成長すること、職員室が学び続ける組織に変化していくことはうれしいこと、楽しいことであるはずなのに、どうしてこうなってしまうのでしょうか。研修をすればするほど教師のモチベーションが下がっていく、という皮肉な状況を変える方法はないのでしょうか。

実は、たった三つのシンプルな原則を取り入れるだけで、「研修＝教師のモチベーションが高まる」に変える方法があります。そのシンプルな原則とは、以下の三つです。

●原則その1▼大きなビジョンに対して自由な実践を
●原則その2▼レポートを書く
●原則その3▼ワークショップで情報の共有を

新潟県上越市立高志小学校は、普通の公立の小学校ですが、この三つの原則を取り入れることにより、学校が大きく変わりました（２００２年当時）。私（岩瀬）は実際に同校に何度も行きましたが、研究校なのに「勤務時間内で終わる研究を」をモットーに研修を楽しんでいて、驚きました。実際に原則がどのように運営されているのか、ちょっと覗いてみましょう。

●［シンプルな原則その1］▼大きなビジョンに対して自由な実践を

高志小のビジョンは、「喜んで登校し、生き生きと学ぶ子どもを育てる」という、とても大きなものです。

大きなビジョンが決まったら、一人ひとりの教師は、ビジョンを実現するために、それぞれ自由なアプローチで実践を行います（より効果的なビジョンのつくり方は、１８７ページをご覧ください）。どの教科でもよいし、またどのような方法でもかまいません。むしろ、人とは違う実践を奨励しているほどです。この原則によって、教師は自分の得意、長所、またやってみたいことを最大限活かし、チャレンジすることができます。

従来の研修の多くは、内容や方法が限定されていたり、一部の研究推進委員や管理職の意向に沿うという形で研究が進められてきました。そのため、決定権や責任を一部の人間が握り、一人ひとりの教師には決定権や研究における判断が許されない状況＝ピラミッド型のシステムになっていたと言えます。

それに対し、高志小では一人ひとりを判断主体と捉え、自由な実践が保証されています。一人ひとりの自由が保証されるということは、当然責任も伴います。一人ひとりの教師が主役となって、「やらされる研修」から、「自分がやる研修」へと変わるのです。同校の研究紀要には、以下のような記述があります。

私たちの研究には「自分」が存在します。教師は、自分がしたいことができるのです。させられているのではありません。「自分がしたいことができる環境」「やりがいのある仕事ができる」ということが、教師の主体性を促し、次々と成果を生み、教育課程を生成してきました。

●［シンプルな原則その2］▼レポートを書く

その1の原則で、教師はいろいろな実践をするようになっていきます。ただ、他の人が何をやっているか、というのはなかなかわかりません。72ページに書かれているように、教師同士の情報の共有は大きな課題です。そこで原則その2「レポートを書く」です。

原則その1で「やってみてよかったこと」を月に2回、A4サイズ1枚程度のレポートにまとめ、全員に配ります。個人のニュースレターのようなものです。このレポートも、形式は自由です。レポートで「よいこと」を共有していく中で、よいものはどんどん真似され、広がっていきます（当然、共感を呼ばないものは淘汰されていきます）。学校全体に広がっていったものは、学校の文化となっていくでしょう。たった1枚のレポートがよい実践の循環を生み出すのです。

高志小では授業に関するレポートと生徒指導に関するレポートを、月に1本ずつ書くことになっています。単純計算でも職員数が25人として、月に50本、年間約600本のレポートが蓄積され、共有されます。3年継続できれば、1800の事例が集まり、この中に質の高い事例・実践が仮に1割あったとすれば、180もの事例が学校の財産になります。

A4サイズの用紙1枚程度というのがポイントです。書き手にも読み手にも負担が少ないことが、気楽に情報を共有するためには大切です。

「A4じゃ書き切れない」という声も聞こえてきそうですが、もっと詳しく知りたいと思ったら、本人に聞けばよいのです。教師同士が学び合うよい機会となるでしょう。レポートには「やってみてよかったこと」だけではなく、悩みや迷い、反省などを書いてもよいし、職場の人への提案、参加した研究会の感想なども発信できます。

●【シンプルな原則その3】▼ワークショップで情報の共有を

毎月、書かれたレポートをただ配っても、必ず読まれるとは限りません。また、興味があるレポートがあっても、忙しくてなかなか質問する時間がないということも起きそうです。

そこで、原則その3が有効です。「ワークショップ」と呼ばれる方法で、情報を共有するのです。「ワークショップ」には、レポートを事前に読んでから参加します。1回のワークショップの時間は1時間以内です。やり方は以下の通りです。

①4~5人で1グループをつくり、円になって20分間自由に語り合う
※たとえばレポートを読んで共感したこと、興味をもったこと、質問・疑問など
②メンバーを変えて、再度20分間語り合う
③全体で集まり、円になって一人40秒以内で感想を発表

この制限時間を設定することにより、一人ひとりはすべてのレポートに目を通し、また感じたことを気楽に話したり、質問したりすることができます。自分のレポートが他の人から評価されることは、モチベーションの向上につながりますし、また他の人の意見や考えを聞くことで、新たな実践のヒントが得られるかもしれません。他の人のモチベーションに刺激を受けることもあるでしょう。実際、私（岩瀬）はこのワークショップに参加したことがありますが、自然と自分にとって「いいところ」を見つけよう、見つけた「いいこと」について語るという、よい雰囲気が形成されていました。自分の実践に活かせる情報を得る場であり、教師同士の信頼関係を築いていく場でもあるのです。

時間を1時間にしたことも重要です。限られた時間の中でどのくらい内容の濃いものにするか、無駄な時間をどれだけ省けるかを絶えず意識するようになり、結果として「ゆとり」がもたらされるでしょう。話し足りないことは、浮いた時間で自由に語り合うこともできます。そのような時間が日常的に確保されると、学校は間違いなく変わっていくでしょう。そして、対話が日常化し暗黙知を共有する機会が組織に根付くでしょう。

ちなみに、「教師は話し始めると長くなる」と、よく言われますが、③の感想発表はそうした状況を防ぐための方法で、重要なルールです。

このように、シンプルな三つの原則を用いることにより、校内研修が生まれ変わるはずです。

研究協議を、より学びのあるものに

学校での研修というと、研究授業をすぐ思い浮かべる人が多いと思います。しかし、研究授業とその後に行われる研究協議で多くを学んだ経験がある人は少ないのではないでしょうか。もちろん、モデルとなりうる授業の質を高める努力が必要なことは、言うまでもありません。それを可能にする方法として、『「学び」で組織は成長する』〈吉田新一郎著、光文社新書〉や本書で紹介しているコーチング、メンタリング、授業案の共同開発などがありますが、ここでは研究協議を意味のあるものにするシンプルな方法を紹介します。それは、「大切な友だち」という方法です。「大切な友だち」は、四つのステップで行われます。

①わかりにくかった点や理解できなかった点に対する「質問」
②いい点の「指摘」
③よりよく改善するための「質問」
④授業者への「ラブレター」

まず最初は、研究授業を見てわかりにくかった点や理解できなかった点について、授業を観察していた人たちから質問を出してもらいます。ここでのポイントは、悪かった点を指摘し始めるのではなく、あくまでも授業の中での不明確だった点を明らかにするための「質問」をしてもらうことにとどめることです。

次に、授業でよかった点を、些細なところも含めてできるだけたくさん、今度は「指摘」してもらいます。

私たちは、まずい点に関しては努力しなくても目に入ってしまうように習慣づけられていますから、いい点を指摘しないといけないことは、あらかじめ伝えておく必要があります。そうしないと、ほとんどの人がいい点を指摘できない状況を生んでしまいます。なお、授業者は、次のまずい点を質問される前にいい点が指摘されているので、通常に比べて批判的な質問を受け入れやすい状態にもなります。

できるだけたくさんのいい点を指摘した後は、観察者たちが気になった点を改善するための

「質問」に入ります。間違っても、指摘はしないように注意します。指摘されたところですぐに直せる人はそんなにいないからです。

質問の形にすることで、判断を授業者に委ねることになりますし（どうせ直すなら、誰かに言われて直すよりも、自分で考え・判断して直したいものです）、同時に質問の形にすることで、観察者にも当事者意識というか、自分自身が問われているという意識が生まれます。同じ教師としての共感も得られやすくなります。多くの場合は、唯一絶対の正解などはなく、みんなで模索し続けなければならないのですから。

慣れないうちは、この指摘を質問の形にするのが難しくて、意図的にではないのですが、多くの人が単に指摘をしてしまいがちです。しかし、それも練習次第です。同じ内容でも、指摘の形で言われるのと、質問の形で言われるのとでは、インパクトは全然違います。

ちなみに、これは教師同士の研究協議でのやり取りの中でとても大切であることは言うまでもありませんが、同じことは授業の中の教師と生徒のやり取りでも、あるいは会議の中でのやり取りでも活用できますから、すべての教師はこれを自分のものにすることが求められています。

なお、質問に対して、授業者は全部答える必要はありません。自分が答えたいと思ったものに対して答えるだけで十分でしょう。質問は、授業者に対して出されているのと同時に、そこにいた多くの出席者にも同時に発せられている部分がありますから、質問をよく聞き、変な言い訳的な回答をその場でしてしまうよりも、質問を自分のものにして引き続き考えてみる方がはるかに価値があるからです。

最後は、授業者も含めて出席者全員が、授業者の授業がさらによくなるよう「愛」を込めてラブレターを書きます。これは、全員にとって「振り返り」の意味があります。また、口頭では言いにくかった人には、書くことによって表現の助けとなりますし、すでに出された指摘や質問を補強するのにも使えます。とにかく、目的は授業者が、そして授業者を通して記入者自身がよりよくなるのを再確認することです。

ある意味では、この「ラブレター」が「大切な友だち」という方法を凝縮したものだと言えるかもしれません。参加者全員から「ラブレター」をもらってうれしくない人はいません。そもそも、こんなにたくさんのラブレターをもらう経験など、普通ではありませんから。そして、参加者たちはみんな「批判的に、しかし温かく」書きます。みんな書けるのです（ラブレターに返事がほしい人以外は、無記名にしてもいいでしょう）。ぜひ試してみてください。

このいい点の指摘と、わからない点とまずい点の質問というシンプルな方法の効果は絶大です。単に研究協議を通した学びが飛躍的に多くなるだけでなく、人間関係までよくなり、さらにはそれが会議でのやり取り、授業の中での生徒とのやり取り、家庭の中での夫婦や子どもとのやり取りにまで波及するのですから。使わない手はありません。

私（岩瀬）は、校内研修や、他校での研究協議会のファシリテート、作文の授業（ライティング・

ワークショップ）の相互のアドバイスなどで、この方法を使っていました。ある子は、「大切な友だちをやってみて、直すところをしっかり言ってもらえて、とってもいい方法です。私は修正されるのが嫌いだったけれど、これならいいところはほめてもらえるし、変なところは優しく直してもらえるのがすごくよかったです。私は友だちからラブレターをもらって、うれしかったです」と感想を書いていました。的確にこの方法の利点を捉えています。

この方法は他にも、相互コーチングの際のやり取りでも使えますし、学校レベルで数人の「大切な友だち」を確保することも、とても重要なことだと思います。それは、今、全国的に広がっている「学校運営協議会」といったような組織を、まさにこのやり取りを使うことで極めて実りあるものにできることも意味します。学校評価や人事評価ですら、この進め方を使うことではるかに意義のあるものになるでしょう。

▼ジャーナルのすばらしさ

日々の授業の計画をノートなどに書いておいたり、メモをしておく人は多いと思います。そこに少し付け足すだけで、「よりよい実践ができる」＝「教師として成長する」方法があります。とてもシンプルな方法ですが、最も強力なツールの一つ、それが「ジャーナル」です。いったいジャーナルとはどのようなものでしょうか？　まずは具体的な例を見てみましょう。

やり方は定式化されたものがあるわけではありませんが、ここでは、ある小学校で熱心に実践しているA先生の方法を紹介します。A先生は、ノートを縦に三つに区切って使っています。

①一番左には、その日の授業の予定、計画が書かれています。これは1日の授業を計画する役割もあります。ここまでは多くの教師がやっていることと変わりません。

ポイントはここからで、1日が終わると帰宅する前の10分間で以下の2項目を書きます。

②真ん中の欄に、今日1日の実践やクラスで起きたこと（体験の要約）を書きます。クラスで何が起きたか、その結果どうなったか、授業の中で子どもたちにどんな言動が見られたか、自分は何を話し、何をしたかなど、価値判断をせずに事実だけ書くように意識しています。

③右の欄には、振り返りを書きます。今日の授業はどうだったか、何がよかったか、次はどう改善すればよいか、新しいアイディアや、今後の計画・目標設定などを書いておきます。

やり始めて1か月たつと完全に習慣になり、書かないとかえって落ち着かないほどになったそうです。ジャーナルをつけることがだんだん楽しくなって、特に一番右側の欄がどんどん充実してきたといいます。「書いていないときも絶えず自分の実践を意識して振り返って、次の計画を立てるようになりました。いろいろな改善点や新しいアイディアが浮かぶようになってきて、『よし、明日はこれをやってみよう！』と、授業をするのが楽しくなってきました。短

[図1] 学びのサイクル

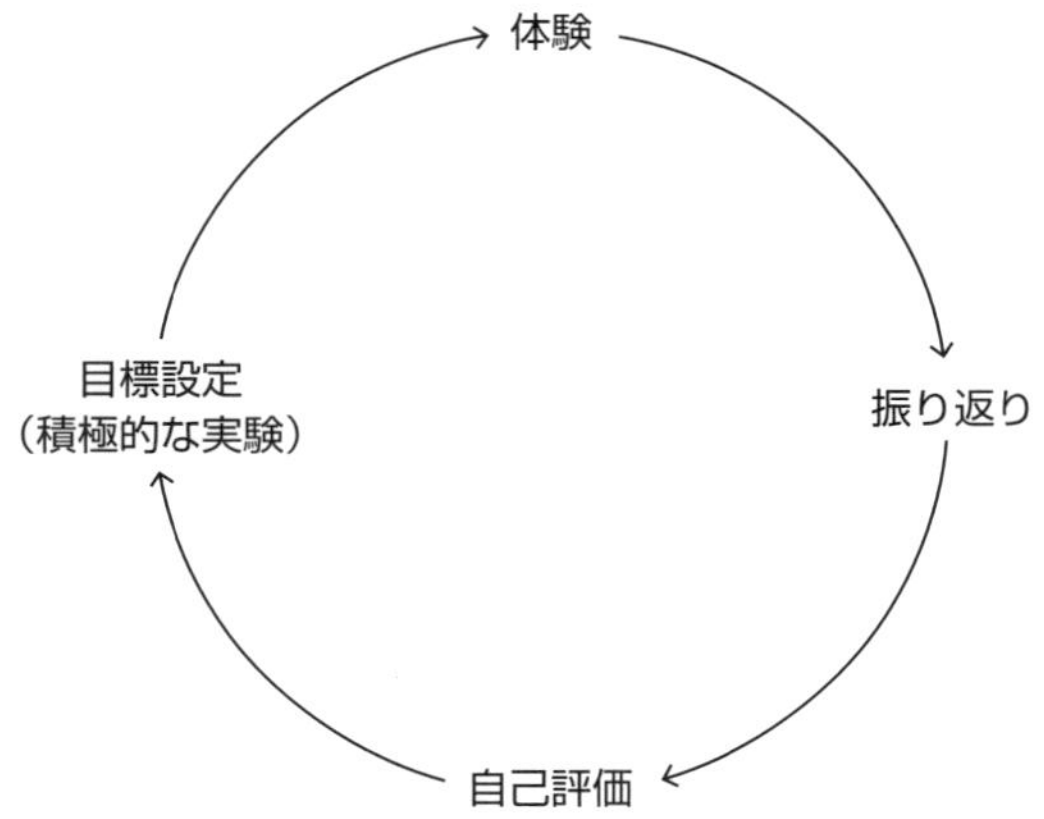

い時間でこんなに自分自身の教え方を改善して、自分を成長させることができるなんて驚きました」と。

ジャーナルとは、書き手が自分の体験していること・実践していることについて、個人的な反応や考え、知識、疑問、気持ち、よかったこと、改善点などを記録する「日誌」のことです。ただ活動や実践を記録するだけではなく、自分の実践を分析したり、振り返ったり、新しいアイディアを考えたりすることが重要です。

ジャーナルは振り返りのためにあると言っても過言ではありません。ではなぜ振り返りが大切なのでしょうか。

振り返りとは、体験したことや実践したことを分析したり、判断したりするなかで、気づきや学びを引き出す思考方法のことです。欧米の学校では、この振り返りを学びの中心に位置づけているところがあるほど、重要な思考方法と言われています。

ただ「体験した」で終わることなく、その体験から学べることを導き出し、未来への行動指針、目標を設定する機会ともなります。つまり、振り返りを行ってこそ、学びが起きるとも言えるのです。ジャーナルは振り返りを行うために最適な方法の一つです。

たとえば、家計簿も振り返りのための「ジャーナル」の一つと言えるでしょうし、ゴルフなどのスポーツ選手が自分のプレーやフォームをビデオ撮影して、あとで見直して修正するのも同じ原理です。ブログやフェイスブックのようなSNSも使い方次第でジャーナルになります。

A先生の事例を聞くと、**【図1】**のような学びのサイクルが生まれていることが伝わってきます。

毎日やっている実践が、見直され、いい点はよりよく、うまくいかなかったことは改善されていくので、自然と実践は向上していきます。またこれを繰り返していくなかでメタ・ティーチング（教師が自分の考えていることや教えていることを振り返ったり、理解したり、改善したりする力）ができるようになり、より自分を成長させるスキルが身につきます。といっても難しく考えることはありません。自分自身がやりやすい方法で「まず始めてみる」ことが大切です。簡単なメモをするぐらいの気持ちで始めるとよいでしょう。

より効果的なジャーナルを書くポイントとしては、以下の通りです。

・三つのWhatを活用する（この過程は、31ページ・【図1】の学びのサイクルとも一致します）

①What（何が？）――まずは何が起きたのか、の事実を思い出し書き出します。

②So What（だから？）――①の事実に対して意味づけをする段階です。その事実に対して自分はどう思ったか、どう分析するか、疑問や考えたことなどを書き出します。

③Now What（それでどうする？）――振り返りで終わってしまっては、せっかくの気づきを活かすことができません。振り返りで得たことをもとに、今後どうするか、次の目標や、今後自分はどうしたいかを書き出します。

・**イラスト、イメージマップ、絵や図などを使う**――何といっても書き手が楽しくないと続きません。自分に合う方法や書き方を探しましょう。

・**継続する**――短時間でいいので、書く時間を決めて、毎日（または毎週など）続けることが大切です。繰り返すことにより学びのサイクルがどんどん回り、学びがより深まっていきます。

・**とにかく書く**――頭の中で考えただけでは、人間はすぐに忘れてしまいます。書くことで記録に残りますし、書く段階でよく考えるので、記憶にもより残りやすくなります。書くことで気づくことは驚くほど多いものです。これはやり始めるとすぐに実感できると思います。

ジャーナルの利点は、これにとどまりません。日々の実践を記録していくことにより、ジャーナル自体がポートフォリオの役割を果たします。ポートフォリオとは、「つくられた過程を含めて学習したものを明確な目的のもとに集めたもの」です。

ポートフォリオはもともと、画家や建築家、デザイナーなどの人たちが、自分の代表的な仕事や作品をファイルして、自分の仕事や能力をアピールするために使われてきました。ジャーナルで自分の実践を書きためていくことにより、自分の実践のポートフォリオができあがるでしょう。その際、使ったプリントや成果物、子どもたちの感想なども、一緒にファイルに保管しておくとよいでしょう。1年たてば、自分自身の成長と実績をアピールするポートフォリオができるわけです。これが学校全体で蓄積されていけば、あらゆる学年のあらゆる授業の改善の糸口がたくさん見つけられるでしょうし、財産にもなります（ポートフォリオについて詳しく知りたい方は『テストだけでは測れない！　人を伸ばす「評価」とは』〈吉田新一郎著、NHK生活人新書〉の84ページ以降を参照ください）。

ジャーナルをより効果的にするには、同僚とパートナーを決めて交換し、お互いにコメントし合うとよいでしょう。自分では発見できなかった視点やアイディアを得ることができ、お互いに、振り返りがより深まります。リフレクションこそが教師の成長につながります（省察的実践家）。（教師にとっての振り返りの価値は、『省察的実践とは何か——プロフェッショナルの行為と思考——』〈D・A・ショーン著、鳳書房〉をご参照ください）。

小グループでもお互いフィードバックし合うサークルをつくれば、学校を「学ぶ組織」に変えていく大きな力となるでしょう。また、ホームページやブログ、フェイスブックなどを使って公開する方法もあります。そのブログを同僚に教えれば、情報の共有の助けにもなりますし、全国の人からフィードバックをもらったり、一緒に学ぶ仲間が増えたりということも起きます。私（岩瀬）は以前からブログを使って、実践やアイディア、振り返りを公開しています。その結果、読んでくれた同僚と校内で学習会を開いたり、また外の人たちとのつながりが生まれて、学習サークルや研究会をつくることにもなり、続けることの効果に驚いています。ただホームページやブログなどでは、不特定多数に公開することになるので、書く内容には注意することが必要です。書くべきこと、書かない方がよいことを目的に応じて選択するとよいでしょう。

クローズドのサービスを利用する方法もあります（たとえば、リフレクションサポートシステム「ｅｃｈｏ」（http://www.asobusiness.com/business/echo.html）。私が教職大学院の教員をしていたときは、このシステムを使って、院生の日々の振り返りにフィードバックを行っていました。

実践してみてご自身でその効果を実感できたら、ぜひクラスの実践に活かしてください。子どもたちが「ジャーナル」を活用できるようになると、子どもたちの学びは飛躍的に向上します。学校で子どもも教師も「ジャーナル」を活用できれば、その学校は大きく変わっていくでしょう（詳しくは『増補版「考える力」はこうしてつける』〈J・ウィルソン他著、新評論〉、『最高の授業』〈A・ウィギンズ著、新評論〉の１７８～１８４ページ、『「振り返りジャーナル」で子どもとつながるクラス運営』〈岩瀬直樹他著、ナツメ社〉を参照してください）。

▼気の合う同僚との相互コーチング

66ページの【表1】で紹介するように、多くの教師は個人レベルでの努力をしていると思います。しかし、それだけではなかなか深まりませんし、広がりません。一方、学校全体や、学年や教科などのチームレベルの学びは、互いの利害や日程の調整の難しさなどで、中身のある学びをつくり出すことが容易ではありません（それらが嚙み合ったときには大きな学びが起きますが、そう頻繁には起こってくれません。しかし、チームづくりをして、頻繁に起こす努力はもちろん必要です。本章で紹介している他の事例を参照）。

そこで、学びの単位として注目したいのが「二人」です。どこの学校でも自分とそれなりにウマが合うというか、波長が合う同僚を一人ぐらいは見出せるものです。そんな人とやれることとしては、情報交換、授業案・単元案づくり、問題解決（生徒や保護者への対処法など）、ティーム・ティーチングなども考えられますが、ここでは相互コーチングを紹介します。

スポーツなどの分野のコーチングと聞くと、それなりに道を究めているコーチ役がプレーヤーにいろいろアドバイス（指導）することをイメージしますが、教育の分野の、それも同僚とするコーチングには、いくつかの大きな特徴があります。

・コーチされる側が主役であり、する側はサポーターであること
・コーチの役割は、評価することではなく、される側が振り返ったり、分析したり、計画したりするのを助けるための情報提供と「いい問いかけ」（質問）をすること
・信頼関係をベースに行い、一切他言はしないこと
・イベントとして行うのではなく、継続的・発展的に行うこと
・両者は自分の意思で行う（強制でするものではない）こと

基本的には教え合う関係ではなく、コーチされる側が自分の授業の研究者であり、コーチする側はデータ集めをするサポート役という関係です。つまり、コーチする側は、される側が求める点について観察し、その情報をフィードバックするのが役割です。

コーチングは、三つの段階で構成されています。①観察前の話し合い、②観察、③観察後の話し合いです。

観察前の話し合いでは、コーチされる側が授業で何をするのかを説明し、いったい何を見て、どのようにデータを取るのかを明らかにすることが目的です。そして、観察の日時と観察後の話し合いの予定も決めます。これに要する時間は、20～30分といったところです。

観察は、事前の打ち合わせで決まったことを単純に実行するだけですから、ある意味では一番簡単なところと言えます。時間的には、15～50分の時間を要します。

観察後の話し合いは、できるだけ間が空かないうちにした方がいいでしょう。観察後の話し合いで達成したいことは、以下のようなことです。

①コーチされる側が授業を振り返るのを、観察のデータを使いながら助ける

・授業中に教師と生徒がしたことを思い出す

・予定したことと実際に起きたこと（起きなかったこと）を比較する

・なぜ起きたのか（起きなかったのか）を分析する

・授業のねらいを観察の視点から振り返ってみる

②今後の計画（展開の可能性）を考える

③相互に観察前からしてきたことを振り返り、フィードバックし合う

観察後の話し合いは、達成したいねらいにもよりますが、30分～1時間を目処に考えるのがいいと思います。

このような過程を通じて、両者とも相互コーチングをすることが「ためになる、得をする」と思えないと継続しませんから、いい関係をつくりながら無理なく展開することが大切です。最初のうちから自分の弱点をさらけ出したい人はいませんから、互いがコーチングをし合いながら徐々に信頼関係を築いた上で、改善したい点に挑戦していくのがいいでしょう。

その意味では、前段として何のデータ集めもフィードバックもしない、単なる「相互観察」を何回かやり合った上で、「相互コーチング」に取り組むのがいいかもしれません。相互観察とは、互いの授業でよかったところはそのまま（ないし応用する形で）取り入れ、悪いと思ったところは反面教師にすればいいという方法で、これだけでも学ぶところはたくさんあります。

なお、相互コーチングにしても、相互観察にしても、実際に実施するときにポイントになるのは「いい問いかけ」と「時間のつくり方」なので、それらについて触れておきます。

まず、「いい問いかけ」ですが、ある意味ではこれがコーチングの成否を決定づけると言ってもよく、大きな要素を占めています。しかし、マニュアルのようなものはありませんから、練習あるのみです。

たとえば、観察前の話し合いの場で、「今度、私が観察する授業について教えてください」とコーチする側が質問します。それに対して、される側は「四つの名詞についての授業です」と答えたとします。質問した側がそれで納得すれば、次の質問に行っていいわけですが、もし満足できない場合は、「具体的に四つの名詞の何について教えるのですか」「四つの名詞についてどのような方法で教えるのですか」「その授業を通して生徒たちに使いこなせるようになってほしいことは何ですか」といった形で、追加質問が必要になります。

その際に有効なのは、①言い換える、②はっきりさせる、③観点を変えてみる形で質問し直す、④しばらくおとなしくしている、といった方法です。なお、これらの方法は、観察後の話し合いでも効果的なだけでなく、会議や授業の際にも効果を発揮しますので、ぜひ身につけていただきたいと思います。

それでなくても忙しい学校で、1回のサイクルにかかる1時間半〜3時間ぐらいの時間をどのようにつくり出すかは大きな課題です。

まず考えられるのが、空き時間の利用です。それだけでは足りない場合は、たとえば、①ゲスト・ティーチャーを招いて何クラスかが合同で授業がやれる状況をつくってしまう、②管理職がコーチ役のクラスで教える、③3人の教師が協力することで、観察をするときは一人が複数のクラスを教える、といった方法が考えられます。私たちは、優先順位の高いことに対しては忙しいとは言いません。なんとか時間をつくり出してやってしまいます。ぜひコーチングも、そんなものにしていただきたいと思います。

▼アクション・リサーチ

直訳すると、「実践研究」ないし「実践調査」ですが、要するに子どもたちがよりよく学べるために思いついたアイディアや資料などで見たものをヒントにして、実際に実践しながらデータを集め、それを振り返ったり他の方法と比較したりして、よりよい実践に結びつけていこうという方法です。アクション・リサーチは、一人でもできますが、チームでした方が異なる

[図2] 3通りの机の配置

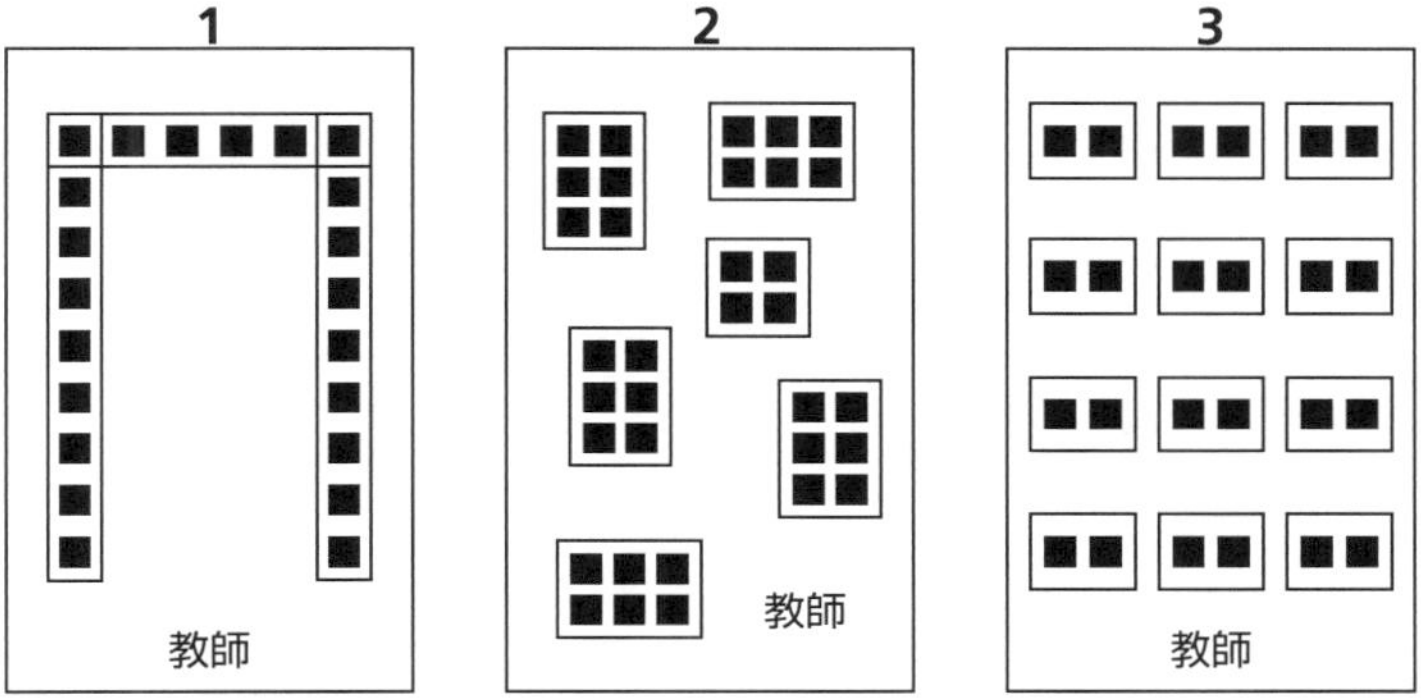

視点やデータが集まり実践にも調査にも幅が出るので、そのぶん学べることも多くなります。

具体的な事例を二つほど紹介しましょう。

私たちは、机の配置については「当たり前」と思い込んでいる節があるので、どういう配置が学ぶのに効果的なのか、ということをほとんど考えないのではないでしょうか。ある中高一貫校では、まさにこのことについて挑戦しました。社会科の先生たちがチームをつくって、より効果的な机の配置についていろいろ試しながら、かつ生徒の反応も集めながら、よりよい机の配置を模索し、その結果と提案をA４の用紙１枚にまとめて全教員に配付したのが一つ目の事例です。

先生たちが取り組んだアクション・リサーチの具体的な流れはこうです。まず、先生たちは3通りの机の配置（**[図2]**）について調べることにしました。

しばらくの間、それらの机の配置で授業をした後に、生徒たちにアンケートを取ってみました。もちろん授業を実施する段階で、先生たちが机の配置を意識した授業づくりを努力したことは言うまでもありません。

アンケート結果と、文献などの情報も交えながら、チームとしての提案をまとめて全教員に配付しました。その配付資料の中に含まれていた主な結果と提案は、次のようなものでした。

［結果］

・机の配置1は、教師がコントロールしやすく、一人ひとりの生徒とも話しやすい配置。中学生はこの配置を嫌ったが、高校生は話しやすいし、クラスの仲間意識をつくり出すので評価していた

・机の配置2は、全体的に生徒と教師によって最も好まれた配置。楽しく、かつ互いに助け合えるので、よく学べると好評。しかし、うるさくなるという欠点もある。目立たなくていいので、特に中学生に人気

・机の配置3は、音のレベルを含めて、生徒をコントロールするのが楽。国語や数学などの個別学習が多い教科に合っている。静かに学べる雰囲気がつくりやすい

［提案］

・机の配置と座席の割り当ては、生徒が授業に打ち込めることを配慮して決める

・特に、友だち同士で後ろの方に座ったりして、あまり授業に熱中しない生徒たちには要注意

・机の配置で大切なことは、目的に応じて選ぶこと

・何を達成したいのかをはっきりさせる（聞かせたいのか、学ばせたいのか、やらせたいのか、サポートしたいのか、話し合わせたいのか）

・少なくとも、2通りか3通りの机の配置と生徒の座席の割り当て方を、1学期の間に試してみる。

・男女混合のグループや、同性だけのグループも、目的に応じて選ぶ

もう一つの事例は、ある小学校の事例です。その学校では、「読書好きな子どもを育てる」ことをテーマに校内研究をしていましたが、高学年の教室から図書室までが遠く、子どもたちがなかなか図書室を利用しませんでした。どうすれば本を手に取って読むようになるか、という課題にチャレンジしました。

最初の教職員の話し合いでは、教室の近くに図書コーナーをつくってたくさん本を置けば、本を借りて読む子が増えるのではないか、という提案がなされ、実際に空き教室につくることにしました。しかし、高学年では思ったように利用率が上がりません。子どもたちにインタビューしてみたところ、「人が少なくて、部屋にいても寂しい」「奥まっていて入りにくい」との

言葉が返ってきました。

そこで同僚と、「廊下に本を置いて、椅子を置いておけば〈廊下図書コーナー〉みたいになって利用率が上がるのでは？　読んでいる姿がみんなに見えるので、刺激を受けて読む人が増えるのでは？」という話になって、早速実験的にやってみようということになりました。子どもたちにも趣旨を話し、賛同したボランティアの子どもたちと一緒に、廊下図書コーナーのセッティングをしました（子どもたちは、看板やポスターまでつくってくれました）。

その結果、着実に成果が表れてきました。この成果によって、全校に新たな提案がなされ、全校に広がりました。ここから発展した実践としては、教室リフォームプロジェクトがあります（詳しくは『クラスがワクワク楽しくなる！　子どもとつくる教室リフォーム』〈岩瀬直樹他著、学陽書房〉を参照してください）。

このように、アクション・リサーチに、学びの主役である子どもたちを巻き込むことも可能です。

▼学校内に学習サークルづくり

かつて戦後の民間教育運動が盛んなころ、日本全国にたくさんの学習サークル（学習会ともいう）がありました。学習サークルとは、参加者が定期的に集まり、自分の実践を紹介し合ったり、情報交換したりする中で、参加者がお互いの知識や経験、アイディアを出し合い学び合う、自主的な学習方法のことです（この学習サークルは、何も教育に限ったことではありません。公民館などでは、英会話や絵画、ダンスなどの学習サークルが今でもたくさん運営されています）。

かつてこの学習サークルでの学びが、教師としての力量を高めるのに大きな役割を果たしてきました。大きな書店に行くと、学習サークルでの成果が多数出版されています。それだけ強力な学習方法だと言えます。

私（岩瀬）もかつて二つの学習サークルに所属していました。毎月のように自分の実践をレポートに書いて持っていき様々なアドバイスをもらったり、他の参加者の実践を聞いて、自分でも試してみたり、悩んでいることを相談したりと、自分の力をつけるのに中心的な役割を果たした場でした。様々なフィードバックをもらえるので、毎月資料をつくっていったものです。それが私自身のモチベーションの向上にもつながっていました。今の自分は、サークルなしではありえなかったと自信をもって言えるほどです。

しかし近年、教師の多忙化とともに、この学習サークルが減ってきています。参加したいけれど、時間とゆとりがない、というわけです。運営もボランティアで行われていますから、会場の予約、準備、参加者への連絡といった運営の仕事が大変である、ということもあるようです。また休日に行われることがほとんどですから、その時間は休息や家族との時間に充てたい、という大きな問題も抱えています。私自身もまた、時間を生み出すことができずに、いつの間にか離れてしまいました。

ところが、これらの問題点を一気に解決する方法があります。それは校内に学習サークルをつくるという方法です。校内につくることができれば、時間の問題を解消できるだけではなく、いつも身近に情報交換をし合い、刺激をもらえる人がいる、そのおかげで日常的にやる気が向上する、というメリットも生まれますし、何より、学び合えるメンバーが職場にいるという理想的な状況が生まれることになります。

学習サークルのつくり方はいくつか考えられます。一つは興味あるテーマや教科ごとにつくるという方法、もう一つは学年や、たとえば5、6年生の担任チームというように、仕事内容や席が近い人とつくるという方法です。あまり大人数にすると情報交換が気楽にしにくくなりますから、最初は関心のある少人数で始めるといいでしょう。

実施する際に押さえるべきポイントとしては、次のような点が考えられます。

- **勤務時間内に行う。教師の最大の研修になるのですから！**
- **定期的に集まる時間を決める**
- **気楽に話し合う雰囲気づくりをする**
- **クラスでやってみてよかったこと、紹介したい実践、悩みなどを持ち寄り、気楽に情報交換する（24ページを参照）。できれば印刷した資料や、使った教材、成果物などを持ち寄る**

方が、情報を共有しやすい

・メンバーは相互にサポートして学び合い、刺激し合う

・サークルで得たこと、学んだことのうち自分のクラスで活かしたものは次回に報告する。そうすると、学び合うサイクルが生まれやすい

・サークルにネーミングすると、より所属意識が高まる

学習サークルを効果的に実現していくには、参加メンバーがお互いを尊重し、信頼し合える関係を築くことが大切です。

私の学校では、校内の研修で丸1日使ってチーム・ビルディングのワークショップを実施しました（注1）。その結果、職員間のコミュニケーションが活発になり、お互いの実践や悩み、疑問を気楽に話し合う雰囲気が生まれ始めました。

それをきっかけに、5、6年生の担任を中心に自主的な学習サークルが生まれ、実践の情報交換をしたり、お互いの授業を気楽に見合って学び合ったり、使ってみてよかった資料を交換したり、悩みを相談したりと、活発なやり取りがされるようになりました。

さて、学習サークルにはどのような効果があるのでしょうか。

・職場が自発的で生き生きとしてくる

- 所属意識がもてる
- 同僚と一緒に学び合えるような環境が生まれる
- モチベーションが向上する
- 同僚との好ましい人間関係が生まれる
- お互いのモチベーションを高め合え、信頼関係が生み出される
- 自分の実践を見直す契機となる
- 自分が役に立っているという自己肯定感につながる

学習サークルが学校の中にいくつも結成され、運営されるようになれば、そのサークル同士の情報交換も必要になり、より学ぶ機会が増えていくでしょう。また、各教師が外部のサークルや研究会、書籍などから学んだことを持ち込むようになれば、一人で集める何倍もの情報が得られるようになります。

注目されている学習論の一つ、「正統的周辺参加論」で有名なエティエンヌ・ウェンガーは、「実践コミュニティー(Communities of practice)」という考え方を提唱しています。実践コミュニティーとは、「あるテーマに関する関心や問題、熱意などを共有し、その分野の知識や技能を、持続的な相互交流を通じて深めていく人々の集団」のことです(『コミュニティ・オブ・プラクティス』〈E・ウェンガー他著、翔泳社〉)。組織の中で実践コミュニティーを積極的に育成していけるかが

組織を成功させる鍵であると、ウェンガーは言います。学校内に学習サークルをつくるのは、まさしくこの実践コミュニティーをつくることです。お互いのユニークな実践やアイディアを尊重しつつ、お互い学び合って、個人も組織も成長していく、さらにお互いを理解し合い、信頼関係をつくっていくことで、その集団に属しているという満足感を得られる可能性もあります。学習サークルは、シンプルな方法でありながら、学校組織をも変化させる可能性を秘めた方法です。

注1　チーム・ビルディングには様々なプログラムがありますが、私（岩瀬）のおすすめの本は、『グループのちからを生かす――成長を支えるグループづくり』〈プロジェクトアドベンチャージャパン著、みくに出版〉、『いっしょに学ぼう』〈S・ファウンテン著、国際理解教育センター〉、『いっしょにできるよ』〈M・マシェダー著、国際理解教育センター〉です。また、『せんせいのつくり方』〈岩瀬直樹他著、旬報社〉も研修におすすめです。

▼まじめに雑談をする時間の確保

昔はストーブを囲みながら、あるいは夜、酒を飲みに行ったときに、子どもについて、教え方について、教育についての「まじめな雑談」が結構もたれていました。今、学校は多忙を極め、いつの間にか、そういう機会がめっきり減ってしまいました。今はなかなかそういうことができる状況にないので、あえて研究室やカフェを設けたり（231ページ参照）、お役立ちニユースレターなどを出す（72ページ参照）といった方法を紹介していますが、これもある意味では昔、学校組織の日常の中に存在していた同僚性を新しい形で創っていこう（新しい同僚性）というものです。

「まじめな雑談の場」は、学校の中では、せわしくて、なかなかできないことがわかっているので、あえて学校の近くのレストランなどで集まれるように設定します。たとえば、毎月の最終木曜日（ニーズが高いなら隔週木曜日でもいいと思いますが、まずは毎月1回から始めて、様子を見るのがいいでしょう）、5時半〜7時という具合に日時を設定して行ってみましょう。他に決めておくことは、次のような点です。

- **話し合いを楽しむ**
- **教育全般について話し合う**
- **学校の運営について話さない**
- **学校での人間（上下）関係を引きずらない**
- **出席を強制しない**
- **愚痴や噂話は別の機会に取っておく**

「学校での人間（上下）関係を引きずらない」といっても難しいことかもしれませんが、これは校長や教頭ら管理職や、ベテラン教師たちがモデルを示すことで十分に可能だと思います。とにかく、教育談義をまじめに、かつ楽しくやる場と位置づけることが成功の鍵です。多くの教師は、それをしたいにもかかわらず機会がないだけで、本当はそんな場を求めているのですから。

なお、話題を提供してくれるゲスト・スピーカー的な人を、ときには招待してもいいとは思いますが、それには経費がかかるかもしれませんし、交渉も大変です。出席者の談義とは違ったものになるので、最低限に抑えた方がいいでしょう。

また、呼びかけ人は、出席を一切強制せずに、続けることが大切です。たとえ呼びかけ人以外に一人か二人の出席者しかいないときがあっても、続けることで出席者の信頼とニーズを勝ち取ることになりますから(もちろん、出席者が呼びかけ人だけという状況が3～4か月続くようであれば、ニーズがないということで素直にあきらめた方がいいかもしれません。もちろん、そのときは出席しない理由をそれとなく聞いてみた上で判断するのがいいと思います)。

会への出席は強制せず、会での話し合いの内容も押しつけないことが肝要です。談義を楽しくやるコツは、「言いたいことが言え、聞きたいことが聞ける」ようにすることです。その意味では、会の最初は出席者が1～2分ずつ言いたいことを言う「チェックイン」から始めるのがいいでしょう。少なくとも、自分が抱えている課題や悩み、あるいは興味・関心・こだわりを吐き出せるわけですから。その後は、成り行きに任せるので十分でしょう。そもそも出席者が顔を出してくれるのは、それなりに話したいことがあり、また聞きたいことが聞けるからですから。

たとえば、百マス計算のようなアプローチに、疑問を投げかけた教師がいたとします。もちろん、それには賛否両論の意見が他の教師たちから出る可能性があります（何せ、何が「基礎・基本」なのかも定かでない中で、「基礎・基本」や「学力」の定着を義務づけられている感がありますから）。しかし、その場での話し合いが展開することによって、しっかりデータを集めながら百マス計算の実証的な研究（40ページの「アクション・リサーチ」）をしてみよう、ということになるかもしれません。

あるいは、「子どもたちが受身で困る」とか、「いろいろな投げかけをしても生徒たちが乗ってこない」といった悩みを語る教師がいる一方で、実際に子どもたちが主体的に、しかも互いに協力し合いながら学ぶ授業を実践できている教師（93ページ）や、ちょっとした工夫のある質問とその後の展開の仕方を用意しておくことで、生徒たちが生き生きと授業に取り組んでいる例を体験している教師（122ページ）もいることがわかりますから、それが相互コーチング（36ページ）などに、即、発展するケースもあることでしょう。

とにかく、チャンスさえ与えられれば、学校が抱えている課題の多くは、そこの主たる担い手である教師たちが相互にもっている知識・情報・実践などを共有し合い、かつ協力できる関係を築くことで、十分に解決（改善）できる類のものばかりです。この方法も、それを可能にする効果的な方法の一つです。

この方法の変形として、合宿（オフサイト・ミーティング）があります。つまり、右に紹介した月1回の頻度で1時間半ほどもつ「まじめに雑談をする時間」を、2日間ほどみっちり確保してしまおうという方法です。これは、多くの学校で今も行われている「職員旅行」の変形といった方がわかりやすいかもしれません。目的を、旅行して、飲んで、食べてではなく、「まじめに雑談をする時間」の方に重きを置いた形で行うだけです。

合宿は、温泉のある保養地のようなところで、毎月の1時間半では話し切れなかったり、改善・解決策が見出せないような内容について、ある程度テーマも事前に用意しておく形で行います。

このような「まじめに雑談をする時間」がもたれるようになると、学校で建前的に「こなす」形で行われている校内研究・研修のあり方に修正が加えられていくことになります。というのも、従来から行われている校内研究の方法を効果的と思っている人は少ないのですから。

▼ブッククラブ（読書会）

本というのは、基本的には個人で読むものですが、このブッククラブは複数の人で同じ本を読むことによって、内容をより深くかつ広く味わうだけでなく、行動にまで結びつけていこうとする方法です。

大学時代のゼミなどで経験したことのある人は多いかもしれません。しかし大きな違いは、

「ノルマでやるのではない」ということです。あくまでも、個々人の判断で参加します。他に、従来の輪読会のアプローチと異なる点としては、以下のような点が挙げられます。

- **リーダー（講師）がいない**
- **提出物がない**
- **メモを取ってくる必要はない（そのほうがよく読めるという人が、そうすることはかまわない）**
- **楽しみながら学び合う**
- **互いをよりよく知り合い、成長を助け合う**

最初は、他の教師たちにも読んでもらいたいという本を持っている人が、その内容に関心をもてるような人たちに、個人的に呼びかける形で始めるのがいいかもしれません。あるいは、一本釣りで最低限の人数を確保しつつ、広く公募する方法もよいでしょう。そうすれば、確実に実行できますし、一方で「仲間はずれ」感を味わう人が出なくてすみますから。

理想的な人数は4〜8人ぐらいですが、たとえ初めは3人からでも実際に実行すれば、楽しくやっているところを見せることによって徐々に増えていくでしょう。とにかく、関わる人た

ちにとって得るものがあれば続き、かつ輪も広がることは間違いありません。

集まる頻度は、あまりせわしくてもいけませんし、逆に間が空きすぎてもまずいので、2週間に1回から月に1回ぐらいの間が望ましいでしょう。

なお、どんな本を、いつ読んでいるかを見える形で掲示すれば、教師たちが本を読んでいることを生徒や保護者たちにも知らせることができますし、参加者たちには次の集まりがいつなのかを知らせることができるという二重の効果が得られます。

1回の集まる時間は、60～90分がいいところです。一般的には、放課後の時間帯に行われることが多いのですが、その時間は疲れているのでなかなか話に集中できないというのであれば、がんばって少し早めに出勤して、まだ頭がさえている間に1時間ほど集まることを試してみてもいいでしょう。集まる場所も、頭の切り換えができた方がいいと判断した場合は、学校の会議室でやるのではなく、近くのレストランや居酒屋などで食事やアルコールが入る前に1時間ぐらいやってしまうという方法もあります。

集まる回数も、4～5回に設定するのがいいでしょう。あくまでも1冊の本に関心をもった人が集まり、読み終わった段階で解散という方法を取るのが、長く続かせる秘訣です。

最初の集まりでは、本を推薦した人を中心に、参加者がその本から獲得したいことを一つか二つのポイントで明確にすることをおすすめします。それが、最後の振り返りの際に役立ちます。

実際に読み、かつ話し合いをしている過程では、自分の仕事に本の内容がどう役立つのか、どういう意味をもっているのか、といった視点で読み続けるのがベストです。

本を読み終えた段階では、初回のねらいも交えながら、ブッククラブのよかった点や悪かった点、改善点などを出し合うことで、次の本でブッククラブをするときの貴重なヒントがたくさん得られるでしょう。

さらには、次のような点についても話し合えれば、単なる勉強会で終わらずに、参加者各人のレベルや学校レベルでの行動に結びつきます。

・自分の授業への影響

・たとえば、ＰＢＬ（プロジェクト・ベースド・ラーニング）やいじめの指導などの、読んだ本の大きなテーマに対して、具体的なアクションに結びつける方法

・他の教師たちを巻き込む作戦

ちなみに、ブッククラブで読んだ本や、個人で読んだ本の中でいいと思ったアイディアは、応用して、即、実践してみることが大切です。実践したものについては、シンプルな三原則（19ページ）や研究協議（25ページ）の方法で、情報交換したり検討し合えれば、他の人も試してみる気になりますし、実践自体がさらによくなる可能性があります。

このようなブッククラブは、教職員だけでなく、もちろん子どもたちもですが、保護者や地域の人々を対象にして行うことも、とても大切です。学校に関わる人たちが本を読むことは基本的なことであり、「読まない学校は、いい学校じゃない！」というメッセージになります。

とにかく、子どもの周りにいる大人たちが口で語るよりも、いいモデルを示してしまうのが一番です。もちろん、その過程で、互いに知り合え、いろいろな疑問が解決したり新しい発見があったりして学び、そして楽しめたら、言うことはありません。

ブッククラブについては、『読書がさらに楽しくなるブッククラブ』〈吉田新一郎著、新評論〉を参考にしてください。

▼学びのリーダーとしての校長

校長が学びのリーダーとして存在し、かつそれを行動で示し続けているのか、それとも学びから卒業してしまった人として存在しているのかでは、教師や生徒に与える影響は大きく違ったものになってしまいます。

校長が学びのリーダーであることを体現する方法はたくさんありますから、ぜひ「これは！」と思うものを一つでも実践していってください。もちろん、実践することが多ければ多いほど学校へのインパクトは大きくなります。

・校長が授業で教える
・共有できるビジョンをもつ
・公教育で当たり前と思われていることをハック（巧妙に改造）する
・授業中は校長室にいない
・一人ひとりの生徒をよく知る
・絶えず学び続ける
・保護者にも学びのモデルを示す

これだけでは何をどうしたらいいのかわからないものもあると思いますので、補足していきます。

●校長が授業で教える

学校の基本は、授業で日々行われている「教える・学ぶ」という行為であると言い切って間違いないでしょう。であるならば、校長自身がそれを毎日は行っていないとしても、1週間に1～2時間の目安で取り組んでいるべきです。そうでないと、何が大切なのかを見失ってしまいます。

一番簡単なのは、出張などで授業を抜けなければならない教師の代わりに授業者として名乗り出ることです。これは、自分に対しても常に挑戦を課すことになります。教師や生徒たちにとって、この挑戦ほど影響力のあるものはないでしょう。

もう一点「生徒たちに教える」ということで忘れてはならないことは、日常的に生徒に教える役を積極的に買って出て、モデルを示すことです。モデルで示すことほど、効果的な教え方はありません。

●共有できるビジョンをもつ

これは、ビジョンというか、自分が大切にしたいことを明確にもち、それを体現していくことを指します。願わくは、そのビジョンや大切にしたいことは、教師たちと共有されたものであることが望ましく、一方的な校長からの押しつけであっては、言われたことをそれなりにはやってくれても、主体的に動いてくれることは最低限になってしまいます。ビジョンが共有されていれば、教師たちを信頼して、判断を委ねるということも可能になります（そういう状況でしか、教師も、生徒も育たないでしょう）。

同時に、84ページで紹介しているように、校長は自分が大切にしていることを、絶えずメッセージとして発信し続ける役割も担っています。まさに、動く広告塔でなければなりません（教育目標や経営計画が、美辞麗句で額に飾ったようなものである限り、学校はよくなりません）。

●公教育で当たり前と思われていることをハック（巧妙に改造）する

私立校で行われていることも含めて、学校教育で行われていることには、その効果が証明されていないものが多すぎます。日常的に当たり前と思ってしていることを鵜呑みにせずに、疑ってみること、よりよい方法がないか絶えず探ってみることをし続けない限り、子どもたちの学びの質と量は極めて貧困なまま、が続いてしまいます。習慣で行っていることがベストなこととは言い切れません。時間について、スペースについて、人について、様々な資源の使い方についてなど、なぜ？　なぜ？　なぜ？　と少なくとも3回問いかけてみてください。具体的な例としては、『成績をハックする』、『宿題をハックする』〈ともに、S・サックシュタイン著、新評論〉がありますので参考にしてください。あなたがハックしたい「当たり前」は何ですか？

●授業中は校長室にいない

では、どこにいるのがいいのか？　基本的には授業が行われている教室です。それが、学校の仕事なのですから。授業の質をよくすることに校長が自分の時間を割く姿勢を示さないで、いったい他の誰がその役を担えるというのでしょうか？　授業中に、校長室にいたり学校の外の会議に出ているということは、ある意味、職務放棄と捉えられてもおかしくありません。少なくとも、そのような行動をとることで教師や生徒たちに発しているメッセージは、「自分たちがしている授業よりも重要なことがあるに違いない」です。

「授業中は校長室にいない」というのを実現することは簡単ではないかもしれません。教育委員会や校長会などの理解が必要ですから。しかし、自分で優先順位を明確にすることはできます。すべての転換は、そこからしか始まりません。そして、まず具体的にできることの一つは、あるクラスで効果的な授業が行われたときは、それを他の教師たちに紹介することです。

●一人ひとりの生徒をよく知る

できるだけ多くの生徒と接触し、名前と顔を覚えるだけでなく、その生徒たちが固有にもっているストーリーを知ることです（ストーリーを知った方が、人をよく覚えられます）。もちろん、校長が生徒たちを知る努力をすること自体大切なことですが、より大切なのは、生徒たちが「校長は自分たちのことを気にしてくれているんだ」と思えることです。この「気にかけてくれている」「大切に思ってくれている」人がいるんだ、という思いが希薄であるがゆえに起こる悲劇は後を絶ちませんから、これはとても重要なことです。

個々の生徒がもっているストーリーを知ることは、教師たちとのやり取りの際に活きるだけではなく、生徒同士を結びつけたり、サポートし合うようにする際にも大いに役立ちます。

●絶えず学び続ける

校長には、口コミ、新聞、テレビはもとより、本や雑誌、インターネットなども含めて絶えず新しい情報を入手しながらも、鵜呑みにせずに自分自身で見極めた上で、重要なものについては発信する役割があります。学校においては、校長が「本の虫」であることは、いろいろな意味で決定的に大きな意味をもつと思います。それは、教師や子どもたちに対してのモデルという意味でも大切ですが、保護者たちに対しても同様です（一昔前までの教師、特に校長には「学者」というイメージがあったように感じますが、いつの間にか薄らいでしまいました）。

●保護者にも学びのモデルを示す

多くの保護者たちは、自分たちの子どもを家でどうサポートしていいのかわからず困っており、その情報を求めています。校長は、保護者に対して学校で行っていることを的確に伝えるだけではなく、子どもの教育の責任者である保護者が家でどのように子どもをサポートできるのかについての情報を提供する義務があると言ってもいいかもしれません。その際、効果的な方法は、保護者たちに楽しく体験しながら理解してもらう方法です（204ページの「ペアレント・プロジェクト」を参照）。多くの保護者たちの学校体験には、あまり肯定的なものはありませんし、口で言っただけではわかりにくく、ましてや簡単にはできるようになりませんから。

保護者だけでなく、教師に対してもモデルを示し続けることは言うまでもありません。

第2章

こんなにシンプルな方法で、大人の学びは変わる！

——情報交換・コミュニケーション・意思決定の仕方を変える

▼会議の改善

熱心で前向きな教師は、あらゆる場面でアンテナを高く張って、新しい情報や役立ちそうな情報をキャッチし、自分のものにしようと努力しています。**【表1】**は、そんな熱心な教師の一人であるI先生が自分の実践をさらによくするために努力していることのリストです。しかし、これには残念ながら含まれていないものがあります。同じ学校の同僚との様々な可能性です。それも公式な場での。

非公式な形では、I先生も「人に授業を見てもらってフィードバックをもらう」と書いていますし、社会科見学などの際に、隣り合わせて乗ったバスの中で雑談したり、コピーをするときに一緒になった同僚の資料を見て、互いの実践を紹介し合ったりといった形で、情報交換は行っています。しかし、非公式な場だけでは十分ではありません。消極的な教師は、そういう非公式な場もなかなか活かせませんから、公式な場が不可欠になります。

学校での公式な場としては、職員会議、学年会議、教科会議、様々な校務分掌や委員会の会議、校内研修などがすでに存在しています。しかしながら、これらの機会が教師相互の情報交換とコミュニケーションを促進する場になっているかというと、必ずしもそうはなっていません。これらを情報交換とコミュニケーションの促進の場とするだけではなく、互いに学び合え

[表1] I先生が授業をよくするためにしていること

- いろいろなインプット
  - ・本を読む——質より量(もちろん質も気にしますが)
  - ・インターネットでいろいろな情報を入手する
  - ・書店に行く——いろいろな本をながめているだけでいろいろ思いつく
  - ・ワークショップ、研究会、研究発表会などに参加する(校内の研究主任も担当。自主研究会も主催)
- メンター(よき先輩)とのメールの交換
- 絶えず新しいことにチャレンジすることを自分に課す
- 「思考より試行」。まずやってみて、その結果を振り返って改善していく
- 自分のやっている実践を振り返って記録する。→ジャーナル／ブログ・SNSに書く
- 子どもたちに授業の評価を聞く(仮説実験授業から学んだこと)
- (同じく小学校の教師の)連れ合いと授業についていろいろ話す
- 人に授業を見てもらってフィードバックをもらう
- 「棚をつくって、ぼた餅を待つ」。いろいろなアイディアを「寝かせて」おいて、時が来るのを待つ

る場にすることは、そこでの体験やノウハウがそのまま各自の教室で実践に移せるものになりますから、とても重要です。会議の場での教師の学びと、各クラスにおける教師の授業(生徒たちの学び)とは、密接につながっています。大人同士で情報交換やコミュニケーションが図れず、学びもほとんどないのに、教室で生徒たちとコミュニケーションがスムーズに取れ、学びのある授業が展開できるとは信じがたいですから。

もう一点、会議や研修について言えることは、それに対する評価が極めて低いことです。伝統的な悪い会議や研修からなかなか抜け出せないケースが圧倒的です。基本的に、会議は組織のバロメーターですから、会議に元気がなく、その評価も低いということは、組織自体が多くの問題を抱えていることを表します。理由は、組織内の人間関係、雰囲気、ものごとの進め方など、

良くも悪くもそれらを凝縮した形で会議が存在するからです。組織自体を変えることは容易ではありませんが、会議を変える方法ならあります。会議を活性化し、参加者の評価を上々にすることで、組織全体を活性化させ、満足度も高くすることができるわけです。

それでは、いったい真の情報交換とコミュニケーションを促進し、参加することで元気になれ、同時に学びのある会議や研修はどのようにしたらつくれるのでしょうか、シンプルなアイディアを紹介します。

①元気を削ぐ会議や研修は、できるだけ行わないようにする。それらに関しては、校務システムやグループウエア、電子メール、掲示板、週報など、会議や研修以外の方法で行うようにします。これは、伝達・報告中心の会議はほとんどやめることを意味します。「教えたのに、生徒たちはわかっていない」と嘆く教師たちのモデルを、管理職が会議の場で示し続けることは、悪循環をあえて上塗りする以外の何物でもないからです。

②元気を削いだり、コミュニケーションがなかったり、学びがない会議や研修会の原因を明らかにするために、最後の3～4分でA４用紙の半分ぐらいの紙に無記名で「振り返り」を書いてもらう。具体的に、○（よかったことやうれしかったこと）、×（悪かったことや残念だったこと）、？（疑問や質問）、！（提案や提言）を書いてもらうようにお願いした方がいいかもしれません。同じ過ちを繰り返さずに、常に改善し続けるためにも、不定期でこの「振

[表2] ブレーンストーミングで出されたコメント

こんな研修にしたい	こんな研修にしたくない
○教師の力量が向上する	●形式的なもの
○研修結果が子どもに還元される	●時間にゆとりがなく、忙しい
○子どもが伸びる	●だれかに任せてしまい、受動的
○楽しく、やりがいがある	●押し付けられたもの
○全員が参加意識をもてる	●見通しがもてない
○継続できるもの	●理想論で終わってしまう
○ゆとりをもって取り組める	●その場限りで終わってしまい継続しない
○教師間の人間関係が円滑になる	●本音で話し合うことができない
○普段から、授業の話ができる	●一部の人に負担がかかる
○情報交換ができる	●不満は言うが、自分は推進しない
○協力して教材研究ができる	●何の為にやっているのかわからない

り返り」を実行することがとても大切です。重要な問題提起があった場合は、全員で話し合うことも必要でしょう。

③いい会議（研修）、悪い会議（研修）をブレーンストーミングで出し合い、会議（研修）のときには貼り出して、常によくするための意識化を図ると同時に、否定的な発言や行動が間違って出てしまったときには指摘して、いい方に変更してもらうように活用する。【表2】は、筆者（岩瀬）が小学校の校内研修でやったときの結果です。

④できるだけ人数の多い会議は減らす。参加してよかったと思える会議や研修の要素には、「主体的な参加」というのが含まれており、それを可能にする規模というのはおおよそ決まっているからです。これは、本音で話し合う飲み会を思い出していただければ、わかりやすい

と思います。形式的な挨拶が終わった後は、ほとんどが2～4人ぐらいで話し合うはずです。飲み会の席では自然にしていることを、会議や研修の場では意図的にやらないと、参加してよかったと思える会議や研修にはならないことを認識すべきです（ちなみに、最初から全体に向けては発言できない人も、一度少人数の中で発言してしまうと、億劫がらずに言えてしまうから不思議です）。

なお、どうしても人数が多い状況で会をもたなければならないときは、時間制限や回数制限を設けて、参加者が可能な限り対等な関係で参加できるように配慮しないと、満足は得られにくいでしょう。数人のいつも決まって発言する人たちの声ばかりを聞きたい人はおらず、みんなが様々な異なる意見やアイディアを出し合うことによって、満足感だけでなく、コミュニケーションや学びも生まれるというものです（この点について、35ページに挙げた『最高の授業』〈前掲〉がとても参考になります）。

⑤得るものがあり、発見や出会いも確実に確保するためには、会議や研修の準備を周到に行う必要がある。単に、時間が来たから始めるレベルで主催者も参加者も捉えているようでは、結果は知れたものです。参加者は「聴衆」でも「お客さん」でもなく、「主役」と意識して楽しみ、元気になってもらわないといけないし、学んでもらわないといけません。そうするためには、会の内容、進め方は、自ずと「こなす」レベルの場合とは異なってくるはずです。情報を提供したり、あるいはアンケートを行うなどして、事前に参加者に目

的意識をもってもらうようにすることも大切かもしれません。願わくは、録画してその場に参加していない人たちにも見せられるような内容の会議や研修をやってほしいものです。

⑥やりっぱなし／言いっぱなしにしないために、会議や研修の終了前には、決定事項の確認をし、役割分担もし（場合によってはフォローアップ担当まで決めて）、確実に次につながる形で終えるようにする。 会議や研修を目的ではなく、あくまでも手段として位置づけていないといけません。

⑦開催場所を変えることも、効果的な方法の一つ。 各参加者の教室で開催することで、各教室の様子を知ることができます。あわせて授業の仕方などを紹介してもらうといいでしょう。

▼たまにはお互いの役割を交換してみる

役割の固定化による弊害について、私たちはほとんど意識していません。それは、固定的なものの見方をあおり、異なる視点や意見、やり方を受け入れられなくしてしまいます。あるいは、必要なサポートが提供されないことにもつながります。またそれは、真のコミュニケーションやいい意思決定を阻む要因にもなっています。このことは、学校に限定されません。家庭、企業、行政やＮＰＯなどあらゆる組織に言えることです。

この弊害はどうしたら軽減できるでしょうか？

シンプルで、かつ強力な方法は、たまに互いの役割を交換してみることです。校長が、教師や校務員や調理員や生徒になったり、教師が、校長や生徒になったり、あるいは教師間で役割を交換したりといった具合です。保護者にも、教師役や生徒役や校長役になってもらうことは、とても意味のあることでしょう。ある意味では、お互いを知ることが、すべての情報交換、コミュニケーション、信頼関係、いい意思決定を下すための出発点ですから。

理想的なのは、丸1日役割を交換することですが、無理な場合には半日でも効果はあるでしょう。

役割をしっかり果たすためには、事前準備は欠かせませんし、また体験することによって相手の立場や視点が理解しやすくもなります。役割を交換した後には、振り返りをしっかり行うことも忘れてはなりません。よく学ぶには体験半分、振り返って体験を自分のものにする部分が半分ですから。こうすれば、準備段階、体験しているとき、そして振り返っているときと、3回学ぶことができます。

役割を交換することには、もう一つ大きな利点があります。それは、他の役割を演じることで、自分の今の仕事を新鮮な目で見ることができるようになることです。他の役割をすることで、自分の仕事に新たな発見、理解、あるいは優先順位を見出すことがあるということです。

もっとシンプルな方法もあります。

1日、ひたすら対象に設定した人の後を、影のようについて回ることです。英語では、この方法を「シャドーイング」と言います。役割を交換しなくても、学べることは多くあります。それも双方にとってです。もちろん、シャドーイングする側は、客観的に観察し続けることによって、いろいろな情報を得ることができますし、シャドーイングされる側も、通常の状態ではありませんから、いろいろなことを意識せざるをえません。シャドーイングした側に「大切な友だち」(25ページを参照)の手法でフィードバックしてもらえると、さらに学びは広がります。『校長先生という仕事』〈吉田新一郎著、平凡社新書〉は、この方法を使って書かれた本です。

▼お役立ちニュースレターの発行

学校を含めて、コミュニケーションの欠如は多くの組織が抱えている大きな問題です。学校の場合は、ほとんど毎日、朝会や会議を行っているにもかかわらずですから、事態は深刻です。教師同士、真のコミュニケーションが図れていないことによる弊害は、いろいろなところに噴出します。多くの教師は気づいていませんが、自分たち自身それができていないのに、教室に入って子どもたち相互のコミュニケーションを促したり、あるいは子どもたちと自分とのコミュニケーションを図ったりができるでしょうか。両者はコインの裏表です。

本当は、教師自身もいろいろとコミュニケーションを取りたいと思っているのです。他の人と共有したい、話してみたい情報を結構もっているものです。クラスで起きたうれしいことを報告する場や、悩んでいることについてアドバイスがもらえる場も必要としています。そのような情報をお互い気楽に紹介し合えるような方法があれば、教師のコミュニケーションのあり方も変わってくるでしょう。その意味でも、会議を単なる伝達や報告だけでなく、しっかりとコミュニケーションが取れる場にしていかないといけないことは言うまでもありませんが（65ページを参照）、ここでは書くことを通してコミュニケーションを円滑にする方法を紹介します。

私たちの多くは、人前で話をするよりも書く方が楽に、かつ自然にでき、そして場合によっては創造的になれるようです（もちろん、少数派ですが書くよりも話す方が得意だし、楽と言う人もいます）。この「書く」ということをフルに活かそうというのが、この方法です。また、他の人たちに役立つこととは何かを常に頭の片隅に置いて、いろいろな実践をしたり、振り返ったり、あるいは情報を収集するのと、そういった意識をもたずに日々過ごすのとでは、自分にとっての経験や蓄積も違ったものになります。

「お役立ちニュースレター」は、メンバー各自が週に1回（強制はしない方がいいと思います）、他のメンバーに役立つと思う情報を担当者に渡し、担当者がそれを切り貼りして発行するニュースレターのことです。今はインターネットも普及していますから、各自が書いたものを担当者に送信し、担当者は何の編集もせずそれを単に貼りつけ、メンバー全員に配信すればできあがりです。必要なのは、締め切りの期日と配信の期日だけを設定しておくことだけで、労力や時間はほとんどかけずに有効な情報をメンバー間で交換できるようになります。

なお、書き方ですが、原則として文字数は40字×10行（400字）ぐらいを上限に設定した方がいいかもしれません。あまり長いのを書かれると、読まない人が続出してしまうからです。書く側にとっても自分の知らせたいことを短くまとめる練習は大切ですし、余韻を残すような書き方のほうが効果的とさえ言えます。必ず名前を入れてもらい、情報を読んで関心をもった人が書き手に直接アプローチできるようにしておけば、コミュニケーションが一層図れることになります。「お役立ちニュースレター」だけで完結してしまうよりは、そのほうが効果的とも言えるでしょう。たとえば、こんな具合です。

●オススメ本紹介

先日購入した『ようこそ、一人ひとりをいかす教室へ』〈C・A・トムリンソン著、北大路書房〉。タイトルに惹かれて、何気なく買ったのですが、とても刺激的です。これを一冊読めば、授業が大きく変わりそうです。私たちは、子どもたち一人ひとりが多様な能力や可能性をもっていること、一人ひとりの興味関心、既有の知識・理解、学び方や学習履歴などの違いや多様性のあることを知っていますが、通常の一斉授業ではそれを無視して授業をしがちです。しかし、この本は一人ひとりの学習上のニーズに応じる質の高いカリキュラムや多様な教え方・学び方をデザインして実践する可能性を示してくれています。ヒント満載の本です！　ボクも早速試してみた方法がいくつかありますが、とてもよかったです。図書コーナーに置いてありますので読んでみてください。内容が知りたければ、直接○○まで！

●一緒に行きませんか？

ファシリテーションについてのおもしろそうな講座を見つけました。○月×日　午前9時から午後4時まで、場所は○○です。テーマは「ファシリテーションで学校の会議が変わる！」。一流のファシリテーターを招いての講座のようです。近場でこんないい研修を受けられるチャンスはめったにありません。一人では心細いので、ぜひ一緒に参加しませんか？　△△

●NHK『奇跡のレッスン』見ましたか？

先日の放送見ましたか？　イギリス大会で南アフリカを破るという大番狂わせを演じた元全日本ラグビー監督のエディー・ジョーンズさんが高校生を相手にしたレッスンでした。部活動ではもちろんのこと、たくさん授業に役立つヒントもあったので、１００分の間テレビの前から離れることができませんでした。生徒との関わり方という観点からも大いに活かせそうです。私も今このビデオをもとに部活動の指導法や授業の仕方を考え直しているところです。興味のある方は、お声がけください。◇◇

追伸　なお『奇跡のレッスン』は、エディーさんの回以外にも、すでに20回ぐらい放映されています。どれも参考になることが多いです!

また、校長室便りのような通信を出している校長は少なくありませんが、労力に見合う効果をなかなか上げられないでいます。今の時代は、一方向の情報よりも、双方向、多方向の流れが求められています。その方が、関わる人みんなが主役になれもしますから。同じことは、教師間のコミュニケーションだけでなく、各クラス・レベルでは教師と生徒たちとの間、教師と保護者たちとの間のコミュニケーションにも言えることです。

プロジェクト・チーム

学校を含めた多くの組織では、組織のあり方やルールは十年一日のごとく変わらず、形骸化しがちであるという大きな問題を抱えています(特に、学校は私たちが小学生のときから何十年もすべての面でほとんど変わっていません! 改めて考えてみると、これは驚くべきことです)。いざ変化を生み出そうと新たな提案をしても、「今までこうだったのだから」という前例主義や、変化への恐れなどから来る反対意見で実行できず、結局、何も変わらないまま時が過ぎてしまいます。

たとえば、あなたが「図書室のレイアウト・貸し出し方法の改善」という新たな提案を考えたとします。図書室の本を、各学年の教室のそばに分散させて「図書コーナー」に変え、子どもたちが気楽に本を借りられるシステムにしよう、という提案です。それを提案する場は職員会議です。しかしその会議は月に1回しかありません。やっと会議が開かれても、他の検討事項も山盛りで、検討してもらえる時間はわずかです。

「貸し出し方法を変えると、混乱してしまってよくないのでは」「図書室はそのままの方がよいのでは？」「もっとよく検討してからにしましょう」など、結局ちょっとした反対で見送りになるか、1か月後の会議まで待つ……ということになってしまいがちです。せっかく「学校を変えたい！」と意欲満々だったのにもかかわらず、自分の意見がなかなか取り入れられない日々に、モチベーションが下がってきてしまいます。「どうせ変わらないのだから……」となるわけです。

そんな現状を変える方法として、「プロジェクト・チーム」という手法があります。方法は簡単です。「こんなことを新たに始めたい」「このように組織を改善したい」という新たな提案があったら、同志を募ってプロジェクト・チームを結成します。この指とまれ方式です（チーム結成時には、チーム・ビルディングのワークショップを行うとより効果的でしょう）。チームが結成されたら、現状を分析し、ミーティングをしてプロジェクト・チームで提案を練ります。

大切なことは、このチームの提案した案は、反対があっても「まずやってみる」という原則を決めておくことです。こうしておけば会議で反対されて実行できない、となる心配がありません。

このルールによって、チームは実行を前提に案を立てることになり、責任感が生まれます。また、単にプロジェクトの成果だけでなく、自分が組織を変える中心にいるという感覚を得ることもでき、何より「自分の意見が大切にされている」「自分が組織をよりよいものに変えている担い手である」という喜びと責任感から、メンバーの自立性が引き出され、組織をさらによくしていこうというモチベーションの高まりも生まれます。

先ほどの例に当てはめてみましょう。

「図書室のレイアウト改善」を、チームで計画を立てて実行に移します。

「図書室の本を各階に分散して、教室から近い場所に図書コーナーとして置こう」

「じゅうたんなどを敷いて、気楽に集まれる雰囲気をつくろう」

「貸し出しを簡素化しよう。担任が基本的に貸し出しを行うことにしよう」

という三つで実際にやり始めます。

実行してみると、最初の二つはうまくいきましたが、貸し出しを担任が行うことで担任の負担が増加してしまい、また一括管理できなくなって、かえって貸し出しが複雑になってしまったとのフィードバックがあり、元のやり方に戻そうということになりました。

このように、このアプローチで、プロトタイプ（試作品）をまずつくり、すぐ試してみて、改善していくことで、「よりよい学校に変えていこう」という意識と、そのための方策を安心して考え、実行できる雰囲気が学校の中に生まれてきます（プロトタイプ思考）。

先にも書きましたが、学校（に限らないことですが）では、いろいろな新しい提案があっても、反対意見があって実施できないということが頻繁に起こります。しかしこういったルールをつくることで、まず実行してみて、もし問題が起きたらそのときに改善し、よりよいものにしていこうというサイクルが生まれます。そうして一人ひとりが学校を変える重要なメンバーになっていくのです。

▼生徒たちの作品を学校に残しておく

ある学校を訪ねたときに、学校側が見せてくれたものの一つに、案内をしてくれた80歳の方が小学校4年生のときに書いた作文がありました。つまり、70年前の作品です。これには、その案内者も私（吉田）もビックリ！（実は、それを見つけた学校側の担当者も、ビックリ！）

今考えてみると、卒業生の書いたものやつくったものなどが学校に残っていて、いろいろな形で有効に活用されているということなので、これはすごいことだと思います。

学校に残しておくのは、生徒たちが獲得したテストの点数と指導要録だけというのでは悲しすぎます。テストの点数と指導要録は、生徒たちのことをどれだけ表しているものでしょうか？

第3章や第4章で紹介しているような形に授業や評価の仕方が変わると、自ずとたくさん生徒の作品がつくられるようになります。それらの中から、「たくさん」とは言わないまでも、ポートフォリオ（34、156ページを参照）の中で本人が学校に残しておいてもいいというものをコピーするなり、デジタルカメラで撮っておくなりして残しておくと、それらが媒介となって学校と卒業生の絆ができるというか、絆を維持できる可能性が出てきます（自分の大切な一部が残っている、という意識をもつことができます）。

他にも様々な有効な使い道が考えられます。たとえば、学校の広報紙やＰＴＡの会報などで、学校の今だけを伝えるのではなく、10年前、20年前、70年前と比較できるようになったり、それを実際に書いたり、つくったりした人に授業に登場願ったりもできます。

このように長いスパンで見てのメリットはたくさん考えられますが、1、2年という短いスパンでの有効活用法もあります。たとえば、昨年度の生徒の作品を授業でモデルとして使う方法は、生徒たちにとっては身近にいる人の作品なので、教科書などに出ている誰だかわからない作品よりは、はるかに身近に感じられます（場合によっては、名前などは伏せる必要がありますから、扱い方には要注意です）。

また、テストや指導要録を大切に取っておいても、新たな授業実践のヒントが得られるということは考えられませんが、生徒たちの作品なら可能性は大です。生徒たちがつくり出した作品について先生たちが話し合うことは、とても価値があることです。その作品ができた授業の簡単な流れや、授業で使ったプリント、ワークシート類をつけてファイルしておけば、話し合いをしなくても、他の先生方はそれらの資料を参考にしながら、授業に活かすことができるでしょう。各学年で蓄積されていけば、学校にとっても大きな財産になりますし、特に小学校では毎年担任をする学年が違いますから、助けになること間違いなしです。

私（岩瀬）は、個人的に過去の作品を保存しておくようにしています。たとえばライティング・ワークショップの授業では（やり方は110ページを参照）、簡単な授業の流れ、使ったプリント、ワークシートの印刷原稿、子どもが実際に記入したワークシートや作品のコピー（いろいろなパターンのもの）をファイルに入れて、学年の棚に入れておきました。同じ学年の先生は、そのファイルを参考にクラスで実践してくれました。

「子どもたちの作品とか、ワークシートのコピーが入っていて、とってもイメージしやすかった。子どもたちも、作品を最初に見せたからわかりやすかったみたい」と、とても好評でした。

またそのファイルが授業についていろいろ話したり相談したりするよいきっかけにもなりました。個人でプリントやワークシートをファイリングしている人は多いと思いますが、これに子どもの作品をプラスして、全校で蓄積していけば、すばらしい情報共有のシステムができあがっていくでしょう。デジタルデータとして共有する方法も増えていますので、それらも活用できるでしょう。とてもシンプルな方法ですが、その価値は想像以上のものとなります。

▼状況を頻繁にチェックする

学校では、近年評価の嵐が吹き荒れています。まず、子どもたちの評価が相対評価から絶対評価に変わりました。相対評価では取った点数に関係なく、5は全体のうちの何パーセント、4は何パーセントと割り振られるのに対して、絶対評価ではあらかじめ決められた点数ごとに、人数には関係なく評価を下します。したがって、85点以上は5と決めていたら、全員が85点以上取った場合は全員が5ということになり、逆に一人も85点以上を取らなかったら、一人も5はいないことになります。

それに続いて、教師や学校自体が評価されるようになっています。確かに評価は大切ですが、それよりももっと大切なことがあります。子どもたちも、教師も、そして学校も、必要なサポートが得られているかということです。あるべきサポートがほとんどないのに、評価だけに力を入れるのは本末転倒の話です。

教師に必要なものは何かを明らかにするには、たとえば【表3】のような質問表が使えます。同じような質問は、子どもたちに対してもできますし、保護者に対してもできます。

教師や生徒が、自分たちのベストを尽くせるような環境や雰囲気が存在しないのに、評価だけされ続けてしまうのは不幸です。ベストが尽くせる環境をつくり出すことは、当事者たちに

[表3] 教師が必要としているものは何か？

あなたは何を必要としていますか? ・励ましてくれること ・平穏であること ・違いを尊重してくれること ・プロの同僚の存在 ・より高い給料 ・適切にサポートしてくれる校長の存在 ・理解のある保護者たちの存在 ・個人や同僚と授業の準備や振り返りができる時間が確保されていること ・時間割をある程度自由に変更できること 他に、必要と思うものを加え、重要度の高いものには○をつけてください。また、自分たちでなんとか満たせるものと、そうでないものを分けてみてください。

出典：*GoingPublic*,Shelly Harwayne,Heinemann, 295ページを参考に作成

[表4] 校長先生が大切にしていること

A男	B子
・生徒たち	・きれいなこと
・書くこと	・読むこと
・先生たち	・生徒たち
・地域	・異なる文化
・本	・楽しむこと
・教えること	・先生たち
・リラックスすること	・学ぶこと
・生徒たちが抱えている問題	・書くこと
・安全であること	・満足していること
・健康なこと	・権利と公平について

出典：*GoingPublic*, 65〜66ページを参考に作成

とってはもちろんのこと、学校を取り巻く多くの人たちにとっても大切なことです。

もう一つ、評価よりも大切なことがあります。それは、校長や教師がどんなメッセージを常に発信しているかのチェックです（もちろん、これ自体を評価の重要な柱に含めることもできなくはありません）。

校長の場合は、教師の場合のように項目を挙げて重要度を評価してもらうよりも、生徒たち、教師たち、保護者たちのそれぞれに「校長が大切にしていること」をリストアップしてもらった方がいいかもしれません。前ページ下の【表4】は、ある校長が6年生に質問したときの結果です。まともなリスト（特に学びに関連するもの）が出されない場合は、校長がしっかりと役割を果たしていないことの証明になってしまいます。その意味では、現在行われている学校評価の項目よりも、はるかにダイレクトなインパクトがあることになります。

「学校で好きなことと、嫌いなこと」「うれしいこと、残念なこと、困っていること」などの切り口で聞いても同じような効果が得られます。こうしたオープン・エンドの質問に答えてもらう方が、下手な（かつ集計に手間がかかる割には、得るものが少ない）学校評価のアンケートなどよりも、はるかに意味があるとさえ言えるのではないでしょうか。

保護者とのコミュニケーションは真剣に

子どもの教育の責任は保護者にあります。その責任を教師も、学校も肩代わりすることはできません。この認識に立てれば、自ずと学校と家庭の情報交換とコミュニケーションのあり方もこれまでとは違ったものになるはずです。教師や学校は、あくまでも保護者たちが責任を果たすためのサポート役でしかありません。

たとえば、これまでは学校からの通信とＰＴＡの通信はまったく別物と捉えられてきましたが、このような視点自体おかしなことです。別々のものとして保護者に配信される必要性などどこにもないのです。似たような内容が掲載されていたり、２、３年目にはどうせまた同じような情報が載っているという思いがありますから、目も通さなくなります（ちなみに、市の広報紙や社内報なども同じ運命にあります）。せっかく、手間暇と経費をかけて制作・発行しているのにもったいないことです。

これまでの習慣だから、最近流行の説明責任があるからというだけで今のままでやり続けても、効果を上げることは期待できません。ある意味では無駄なエネルギーを費やすだけと言えます。どうせ同じ手間隙をかけるのであれば、高い効果をねらいたいものです。

生徒たちが家に持って帰る情報は、質の高いものであることを確認してもらい、保護者がしっかり読んだことを確認でき、必要なフィードバックももらえる仕組みを構築する必要があります。

そのためには、しっかりと①「ねらい」、②「評価の基準と方法」、③「方法」を考えることが大切です（この「逆さまデザイン」のアプローチについて詳しくは、165ページを参照）。

設定したねらいや、それを評価する基準によっては、取るべき方法が変わってくることがしばしばあることに気をつけます。

単に情報提供が目的であった場合にも、それを誰がどのような視点で、どのように書くのかで、受け取る側の受け取り方はだいぶ違ったものになります。たとえば、学校通信やＰＴＡ通信として送られてくるもの、学校のホームページに掲載されるもの、学級通信の形で流されるもの、スマホ（やパソコン）にメールで流されるもの、あるいは直接の電話など、形態によって受け取る側の受け取り方は違ったものになります。また、同じ内容でも、誰が発信したものかで受け取り方は違います。

学校側は気づいていない場合が多いのですが、学校が出している情報は、学校の中や教育の世界でのみ通じる専門用語が多くてなかなか理解するのが大変である、という問題があります。この問題に気づくことができれば、保護者（ＰＴＡの広報担当）や生徒たちに、授業の一環として取材して書いてもらうという選択肢も生まれます。とにかく、メッセージが届くようにするためには工夫が求められます（これまで以上の時間や労力をかけることが求められているのではありません。必要なのはすでに関わっている人たちが、互いに協力し合う努力です。そうすることによって、両者が得をし、楽にもなります）。

情報提供は、情報交換やコミュニケーション、さらにはよりよい学校づくりやよりよい学びを子どもたちに提供するための手段ではあっても、それ自体が目的になるのはおかしい気もします。そうなると、双方向の情報を実現する努力も求められます。情報を受け取った側のコメントやフィードバックがあって初めて、情報提供の質もよくなっていくというものです。やり取りがない状況では、質の向上も、関わる人の学びや変化もほとんど期待できません。

特に大切なのは、保護者が子どもを家でどうサポートすればいいかという情報ではないでしょうか。それが決定的に欠落していることが、高いお金を出して塾に子どもを送り出し、そして親子の会話を減らす原因にもなっています。

たとえば「書く」ということに焦点を当てれば、子どもや保護者が書いたものを読み聞かせの題材として使う、ジャーナルの交換を子どもや子どもの教師とする、クラスの保護者同士が交換ジャーナル（おしゃべりノート）を回す、クローズドの学校用ＳＮＳを活用するといったことが考えられます。

「読み」の方では、一緒に読んだものの「要約」や「おもしろかったところ」などを紹介し合ったり、といった具合です。

他には、学校でしていることの積極的な紹介も、家で保護者が子どもをサポートするための情報としては欠かせません。そのためにはイベント的な授業参観などではなく、いつでも授業を見られるようにしたり、教室ボランティアとして授業をいろいろな面でサポートする役割を保護者に担ってもらい、その体験を通して、子どもの学びを助けるノウハウを身につけてもらってもいいと思います（201ページを参照）。

しかし、学校に来ることができる保護者ばかりではありません。教師が自分の実践を自分のホームページで写真つきで紹介したら、保護者たちにとってはありがたく、教師自身の振り返りと学びにもなります。さらには同僚たちの参考にもなり、また管理職の教員評価の助けにもなりますから、これは一石四鳥ぐらいの効果があります（34、156ページを参照。ちなみに、ホームページに限らず、教師自身が自らの実践を振り返りながら関連資料や成果物をファイルする方法を、「ポートフォリオ」といって教員研修、教師の自己開発の優れた方法の一つとして、欧米では広く用いられています）。

コミュニケーションは、双方が参加して成り立つものですし、保護者こそが子どもの教育の責任者であるという観点からすれば、教師や学校だけに情報提供やコミュニケーションをとるための努力を任せておくのはおかしな話です。保護者（や教育行政）は、おそらく世界で一番大事で、かつ難しい仕事を、自分たちに代わって行っている教師たちには尊敬の念をもって接するべきですし、必要な情報やサポートも積極的に提供すべきです（詳しくは、第5章で扱います）。

情報交換やコミュニケーションを、そもそも何のためにしているのかと考えると、子どもたちのためですから、子どもたちとのコミュニケーションについてもこれまで以上に真剣に考える必要があります。
次に紹介するのは、「読み・書き」にこだわりをもっている校長の取り組みですが、同じようなことを行うのは他の教科でも可能ですし、校長でなくともクラスや教科の担当者でもできることです。

・自分が読んでいる本について紹介するニュースレターを、生徒全員に出す
・何人かの生徒を選んで交換ジャーナルをする
・自分の興味・関心に合わせて（たとえば、野球やサッカーとか）、それをテーマにした「読み・書き」のクラブを昼休みにもつ
・週末の読書の推薦図書を生徒たちに出してもらう。推薦してくれた生徒には、感想を伝える。自分からも推薦図書を紹介する
・PTAの広報紙に自分が書いている文を載せて、読者から修正点や提案をもらう
（*GoingPublic*, Shelley Harwayne, Heinemann の著者であるManhattan New School の校長が実践していること）

本来ICT（情報通信技術）はこのような機能が得意分野のはずです。自由に活用できる仕組みや制度が早急に整備されることが望まれます。

第3章

やっぱり変えるのは授業から
——子ども主体の学びへ

▼チーム学習

学校では、未だに一斉授業が多く行われています。教師が一人で一生懸命教え、子どもたちはそれを聞いて勉強する……あたかも主役は教師のようです。

欧米では１９８０年代から授業のスタイルを大きく変えてきています。教師主導の授業から、子どもたちが真に主役になる授業に変わってきました。その中の一つに、どの教科にも応用できるシンプルで、とても強力な方法として「チーム学習」があります。

この方法は、子どもたちにはもちろん、大人の学び方にも十分活用できます。

チーム学習は、cooperative learning ないし collaborative learning の訳であり、チームで、相互に信頼関係を築きながら協力／協働し合って学習していく方法です。学習内容や方法を選択し、一人ひとりが役割と責任を分担し、教え合い、サポートし合いながら学習に取り組みます。「何を」学ぶかというコンテンツ（内容）だけでなく、学習者同士が教え合ったり、「どのように」学ぶか、というプロセス（過程）に焦点を当てた学習方法です。その結果、個人で取り組む以上の成果や学びを得ることができます。１＋１が４にも５にもなるのです。

なぜチームで学ぶことが大切なのでしょうか？

社会生活において、チームで活動すること、他者と協力すること、他者と考えや知識を共有し問題解決に当たることなどは不可欠です。そのためには、協力/協働して問題解決するプロセスを経験し、自分のものにすること、チームワークのための技能を磨くことがとても大切になります。今までの教師主導の授業では、それらのことを学ぶことができません。

社会で求められていることはチームで学び続けることなのに、なぜ学校の教科指導になると個人学習になってしまうのでしょうか。日本でも授業の方法を変えることが必要なのです。その力をつけるのに、チーム学習は最適な方法の一つです。

チームで学ぶ利点としては、次のようなことが考えられます。

- 自信やコミュニケーション能力、協力する技能を身につけることができる
- お互い刺激し合うことで、学ぶことに発展性が生まれる
- 自分が学びの主役であるという、参加の楽しさと責任感を味わうことができる
- 自分の経験や存在が他者の役に立つという、セルフ・エスティームを高める体験ができる
- どの子にもより公平に学びの機会を提供できる
- 学習の内容や方法を自分で選択できる
- メンバー相互に高め合うことにより、チームの成長とともに、個人の成長も促される
- 「今日、何人かでできたことは、明日、一人でできる」

(『テーマワーク』〈開発教育センター編、国際理解教育センター編訳〉21ページを参考に筆者が改変、追加)

「グループでの学習は今までも行っている」という声も聞こえてきそうです。では、従来のグループ学習とチーム学習は、何が違うのでしょうか？【表5】を参照してください。

[表5] 伝統的なグループ学習とチーム学習の比較

伝統的なグループ学習	チーム学習
・メンバー間の依存関係が弱い	・メンバー間の依存関係が強い
・相互の協力によって学ぶことが念頭に置かれていない	・協力してことに当たらないと、できないような形で、課題が提示される
・チームで機能するための技能が無視されている。グループの中に力関係が存在し、タダ乗りの関係もできてしまう	・チームワークの技能を磨くことも重要な目的と位置づけられている。リーダーも交替で担う
・グループでしたことの振り返りは行われない	・絶えず、振り返りと改善の努力が個人とグループの両方のレベルで行われる
・評価は、グループレベルのみで行われる	・評価は、個人とグループの両方のレベルでなされる。メンバーは自分のためにも、そしてグループのためにも努力を迫られる

チーム学習の具体的な方法は、次の通りです。

①目標（課題）の具体化・明確化
②チームの編成
③学習の評価基準、スケジュールの作成（教師と学習者とで相談しながら）
④チームごとの学習（調べる、ディスカッションする、まとめる）
⑤学習成果の発表、振り返り

私（岩瀬）のクラスでは、６年生の社会科で「江戸文化を支えた人々が現在に与えた影響」というテーマで授業に取り組みました（２００６年）。

最初に、江戸時代に活躍した5人、伊能忠敬、杉田玄白、歌川広重、本居宣長、近松門左衛門についてごく簡単に紹介しました。その後、その5人について知りたいこと、疑問などをクラス全員で出し合いました。あっという間に黒板が疑問や調べたいことで埋まってしまいました。この時点で「早く調べたいよー！」という声が上がっています。そこで、自分が調べてみたい人物を選択し、その上でチーム編成を行いました。1チームの人数は4人を目安としました。これは全員とコミュニケーションを取りやすく、役割分担もしやすい人数だからです。

今回のチームの目標は、

- **江戸文化を支えた人の中から一人選び、その人の活躍と現在に与えた影響について、チームの全員が他のチームの友だちに説明することができるようになる**
- **チームの人と公平に役割分担し、全員がチームに貢献しながら学習を進めることができるようになる**
- **調べたことについて、発表の方法をチームで相談して決め、他者に伝わるようにわかりやすく発表することができるようになる**

の三つです。子どもたちにこの目標について修正点があるか尋ねたところ、「自分が調べた人以外のことも知った方がよい」という意見が出され、目標に「5人全員の活躍と現在に与え

[表6] ルーブリック（評価基準表）

	3	2	1
友だちに説明	わかりやすく説明できた。友だちはよくわかった。	説明できた。友だちはある程度わかった。	あまり説明できなかった。友だちはよくわからなかった。
チームワーク	いつもいいチームワークでできた。	ときにはいいチームワークでできた。	協力して学習できなかった。
役割分担	公平に役割分担できた。	全員に役割分担できた。	役割分担ができず、一部の人ばかりが進めた。
発表	わかりやすく、準備もよくできていた。	一応できた。まだ不十分なところがあった。	わかりにくく、未完成。

た影響がわかるようになる」を足すことになりました。そのためには各チームが調べたことを教え合う時間が必要だという意見も出て、スケジュールをつくる際に取り入れられました。

次に、今回の授業のルーブリック（評価基準表）を全員でつくりました（**[表6]** を参照）。このルーブリックも学習者と一緒につくることが大切です。それにより、自分たちの目標がはっきりするとともに、学習への責任感、当事者意識が生まれます。

スケジュールは、チーム結成、チームで大切にすることについての相談（1時間）／役割分担、調べる、話し合う（3時間）／発表の方法の選択、決定、準備（3時間）／発表、振り返り（1時間）／他のチームとの教え合い、テスト（1時間）となりました。

最初にチームごとに「チームで大切にすること」を話し合っておくことも重要です。これがこれからの学習の、チーム内の規範となります。

チーム学習は、教室の雰囲気を一変させます。子どもたちは受動的な学習者から、学習の主役になり、クラス全体のモチベーションが向上します。子どもたちは積極的に資料を集め、話し合い、情報交換するようになります。教師は、事前に資料を用意しておいたり、各チームを励ましたり、より深まるように質問したりと、学習者の学びをサポートするファシリテーター／コーチ的な役割に変化します。子どもたちの主体的な姿に感動することもしばしばです。学びを通じて信頼関係が築かれ、お互いを承認し合う関係性をベースとしたコミュニティーになり、「チーム学習は楽しい！」という思いから、学習への動機づけにもなります。

最後の発表では、劇あり、パワーポイントでの発表あり、模造紙でのまとめと劇を組み合わせたものあり、歌ありと、バラエティーに富んだものでした（116ページの「マルチ能力」参照）。伊能忠敬を調べたチームは、伊能が地図をつくったときに使った道具の模型を多数製作していて、クラス中を驚かせました。

いわゆるテスト学力向上も見逃せません（ここで紹介した社会科の事例では、市販のテストの平均点が98点と、教科書で学ぶとされている範囲を軽くクリアしました）。

子どもたちは、チーム学習をどのように捉えているでしょうか。

私の学級では、29人中27人が、いわゆる普通の授業よりもチーム学習の方が好きであると答えています。当事者の声を聞いてみましょう。

★チーム学習はいろんな人と関われて、いい関係が広がっていくからいい。チーム学習でやれば、わからないところはグループの人に教えてもらえるし、教える人も賢くなれる。
★チーム学習は好きです。なぜかというと、チームでやると責任感が生まれてまじめにできるし、詳しく調べようとするし、楽しくできる。教科書に載っていないこともたくさんわかるのでいいと思います。
★チーム学習は大好きです。なぜなら一人でわかってもなんとなくさみしいし、全員でわかった方ができたときの喜びもいっぱいだからです。そして何より、みんなでゴールをすることができるからです。
★大好きです。チームには違う考え方の人がいるので、その考え方を集めると、いい発表や資料などができる。それに一人でやるより、みんなでやる方が心強いです。
★話し合いがうまくなりました。パソコンでまとめるとき、ぼくはもう操作ができるので、今回はアシスタントをしてチームの人にやってもらいました。意見が分かれてどっちか迷ったら、二つを合わせるといいということを知りました。役割分担もうまくできたと思います。
★前まで自分ばっかり意見を言っていたりしていたけど、今回は他の人の意見をよく聞いたり、話し合いで友だちに「どう思う？」と振ったりしたことが私の成長です。自分一人で調べるより、チームで一緒に調べた方がよくわかるということがわかった。

この方法の優れているところは、どの教科にも応用可能だということです。

私がこの半年間で実践したものだけでも、「本の紹介文を書こう（国語）」「読書サークルを開こう（国語）」「平和が実現するためには何が必要か（社会）」「水溶液の正体を探れ（理科）」など、様々な教科に及びます。

一方、授業だけでなく、大人の学び（職員研修）にも応用可能です。たとえば最初の目標（課題）を、「生徒が書くことを好きになる具体的な授業方法を開発する」「○○の売り上げを30パーセント伸ばすにはどうすればよいか」などに設定して、あとの流れは基本的に同じです（『「学び」で組織は成長する』〈前掲〉の125〜130ページ参照。また、76ページの「プロジェクト・チーム」は、このチーム学習のバリエーションと言えます）。

つまり、この「チーム学習」の導入は、授業のほとんど、そして大人の研修までも変えられる可能性を秘めているのです。

（参考・『学習の輪――学び合いの協同教育入門』〈D・W・ジョンソン著、二瓶社〉、『「協同」による総合学習の設計――グループ・プロジェクト入門』〈Y・シャラン他著、北大路書房〉、『「学びの責任」は誰にあるのか』〈D・フィッシャー他著、新評論〉、『ようこそ、一人ひとりをいかす教室へ』〈前掲〉）

▼テーマ学習

ここでのテーマ学習は、生徒たちが興味・関心のもてるテーマ（プロジェクト・課題など）を設定して、それを教科の枠を超えて学んでいく方法として捉えています【図3】。

したがって、時間割でブツ切りにした教科を細切れに教えていくことが唯一絶対の方法だと信じている方には、この方法はなかなか受け入れがたいかもしれません。しかしながら、全国の先生方に次に挙げる「学びの原則」をお見せして、同意できないものに「×」か「?」印をつけてもらうと、多くの方はほとんど「○」で、同意できない人でも一つか二つ「×」ないし「?」をつける程度です。

ちなみに、この「学びの原則」は、認知心理学や脳の機能の解明でわかってきたことを私（吉田）なりにまとめたものですが、それらのほとんどは、優れた教師が長年実践してきたことばかりと言っても過言ではないと思います。いずれにしても、この「学びの原則」が受け入れられるならば、テーマ学習を実践することは難しいことではありません。

学びの原則

①**人は皆、常に学んでいる**　ただし、各自の学びの動機や学び方、スピード、もっている能力が違うだけ　↓「一人ひとりをいかす教え方」やマルチ能力（116〜122ページ）も含めた、多様な教え方が求められる

②**安心して学べること（人は頭だけでなく、心や体を使って学ぶ）**　さらに言えば、楽しい方がよく学べる　↓人間関係を含めた、サポーティブな環境や雰囲気づくりの大切さ

③**積極的に参加できること**　↓聞かせるだけでなく、生徒たち自身が主体的に動いたり、考えたり、体験することが大切（知識は伝えるものではなく、生徒たち自らがつくり出すもの。技能・態度も同じ。それには教師の刺激的な投げかけが効果的）

④**意味のある内容／中身を扱うこと（身近に感じられること）**　↓人は白紙の状態から学ぶのではなく、それまでの体験や知識を踏まえて学ぶ

⑤**選択できること**　↓与えられたものをこなすよりも、自分が選んだものの方がよく学べる（生徒たちは、何を、どう学び、どう評価するかの選択まで参加できるし、実際にそうしたときの方がよく学べる。換言すれば、生徒たちを信じて、学びの責任を与える。その際、高い期待を生徒たちに示し、容易にできる選択だけでなく、努力すればできるレベルのものも提示する）

⑥**十分な時間があること**　↓たくさんのことを短時間でカバーするだけでは、よく学べない。

[図3] テーマ学習とは

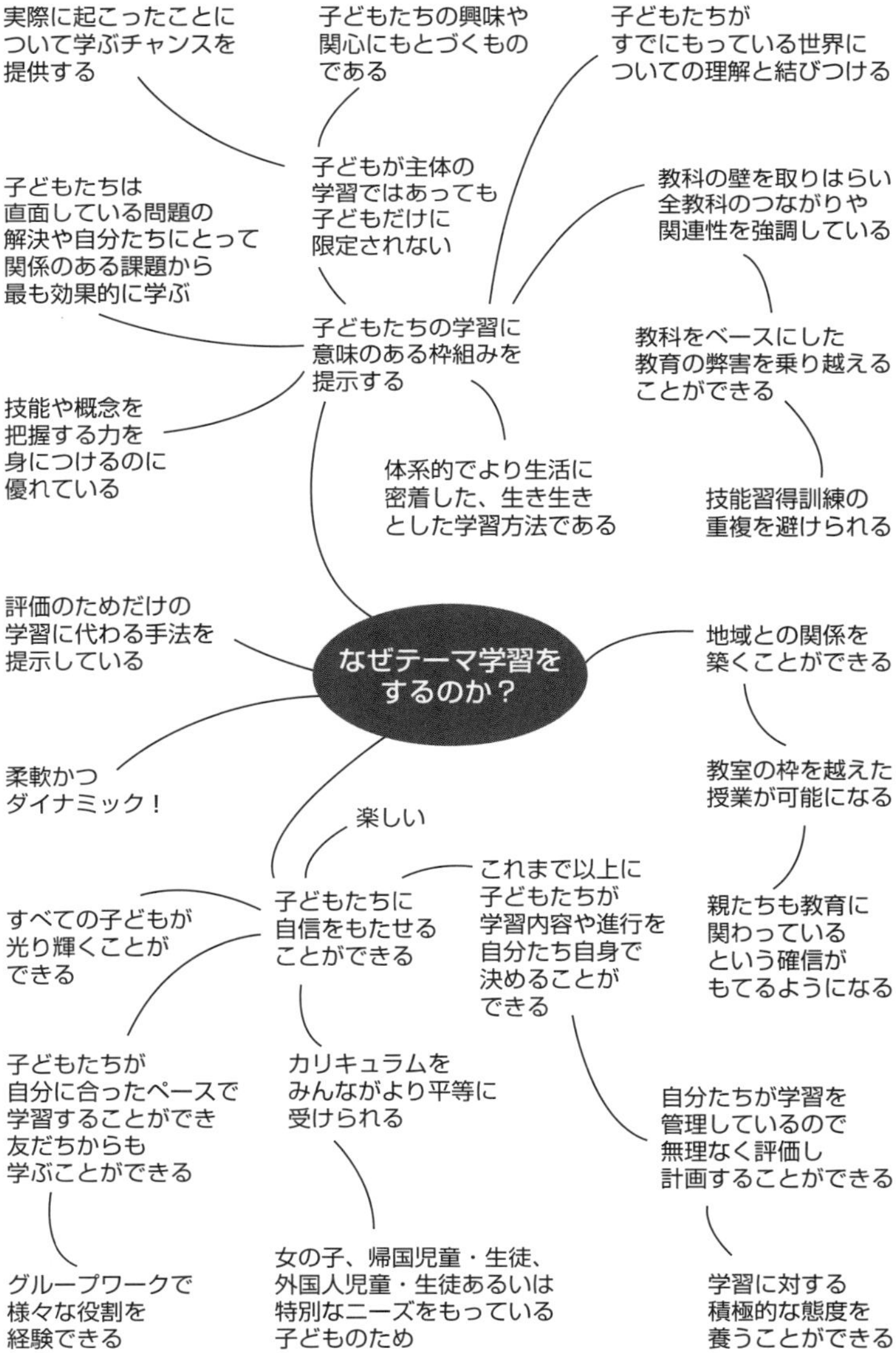

出典：『テーマワーク』前掲、4ページ

身につくまで練習できることが大切
⑦協力し合えること →競争させたり、バラバラで学ばせるより、相互にやり取りしたほうがよく学べる（今日、何人かでできたことは、明日、一人でできる）
⑧振り返りとフィードバックがあること →自分自身で頻繁に振り返り、かつ教師や他の生徒からのフィードバックもあるとよく学べる
⑨互いに讃え合うこと、教える機会が提供されること →よく学べたときは、祝う、ほめる。他の人に教えるチャンスが与えられると（その際、たとえばマルチ能力〈116ページを参照〉のような多様な表現の仕方があるとよい）、よりよく学べるし、さらに意欲がわく

テーマと問いかけを重視した授業を組み立てる際に考慮すべきことは、【表7】のようになります。本稿の冒頭で、「生徒たちが興味・関心のもてるテーマ」と書きましたが、実はそれはたくさんあるうちの一つにすぎないこともわかります。

これらを踏まえて、単元を計画する際は、まず「授業をした何年か後に、生徒たちにこれだけはぜひ覚えておいてほしい、わかっていてほしい、他のことに応用できるようになっていてほしい、教師や仲間や保護者がいなくても一人でできるようになっていてほしいと思うことは何か」を明確にすることです。このことを明確にした上で準備を始めないと、単なる楽しい活動をこなすだけで終わったり、時間をかけた割には何も残らないということが起こりかねませ

[表7] テーマと問いかけを重視した授業を組み立てる際に考慮すべきこと

①学校の教育目標、教育委員会の教育目標、文部科学省の指導要領、教科書
②ほとんどの教科（様々な知識）と、生徒たちに身につけてほしい様々な技能や態度を扱うことのできる、広がりのあるテーマが設定できるか
③かけられる時間
④生徒たちの興味・関心・こだわり
⑤教師の興味・関心・こだわり
⑥生徒たちがすでにもっている知識
⑦生徒たちがもっている姿勢や態度
⑧生徒たちがすでにもっている技能のレベル
⑨生徒たちがもっている特殊なニーズ
⑩保護者や地域の人たちの協力度
⑪使うことのできる（事前に準備することのできる）教材や資料など
⑫学習で知ることにより、生徒たちはどんなことを行動に移せるか、というある程度の見通し
⑬テーマがさらなる発展・展開を可能にするものか、という見通し

参考・*Classroom Interviews*, Paula Rogovin, Heinemann, pp.25-31.

ん。

ねらいを明確にした後は、それを実現するために以下のような点について考えます。

・子どもたちが知りたいテーマを学ぶに当たり、まだ知らないことやできないことについて、どうしたら知ることができるのか？
・掲げたねらいを達成し、子どもたちのニーズや興味・関心を満たすためには、どのような活動をすればよいのか？
・それらの活動に使える資源や教材にはどんなものがあるのか？
・いくつかの選択がある中で、何かに焦点を絞って取り組んだり、調べたりするのを、子どもたちはどのようにして決めるのか？
・さらには、子どもたちが、知ったりできるようになったことを発表したり、他の人たちに教え

たり、場合によっては身の回りに積極的に働きかけていったりする際に、どのような方法が効果的なのかを、どうやって決めるのか？（これが、そのまま評価の仕方ともなります）

このような学び方が生徒たちにとってより自然な学び方だからといって、年間を通して実施する必要はありません。１〜２週間から導入し始め、やれる範囲でやっていくのがいい方法です。そういう形で導入し始めたある高校では、現在、年間４回、それぞれ２〜３週間のテーマ学習の時間を設けています。当然、それだけの時間を割きますから、扱うテーマが各教科のねらいをどれだけ満たすかはチェックずみです。

テーマは、生徒たちの興味、質問、社会や世界で起こっていることへの関心などを踏まえて設定されることもありますし、逆に教師側から広いテーマを提示し、生徒たちがその中から個別にテーマを選べるようにして進めることもあります**【図４】**。過去数年間に取り組んだテーマには、私は誰？／自分の住む地域と街／職業／主義——様々な主義について／民主主義／アクション・リサーチのスキルを身につける／善良なる市民の悲劇について——私たちは環境をよくすることができるのか？　などがあります。

テーマ学習をする際に大切にすべきことは、教師たちが教える立場にい続けるのではなく、生徒たちに学ぶモデルを示すことです。どのようにテーマを掘り下げ、かつプレゼンテーションしたらいいか、身をもって示していくのです。その意味では、１７２ページで紹介する卒業プロジェクトに似ている点もありますが、テーマ学習の場合は個人で行うよりも、グループで取り組みます。その方が楽しいですし、お互いに学び合えますし、短期間の間に創造的にもなれますから。

（参考・『テーマワーク』〈前掲〉、『学びの情熱を呼び覚ます——プロジェクト・ベース学習』〈R・ニューエル著、学事出版〉、『選んで学ぶ——学ぶ内容・方法が選べる授業（仮題）』〈M・エンダーソン著、新評論〉）

〈補足〉テーマ学習と、プロジェクト学習や問題設定・解決学習（PBL＝Problem-based Learning）や総合的な学習の時間で行われる「調べ学習」とでは、大きな違いはありません。いずれも、教師が熱心に教える授業から、生徒たちが熱心に学び・教え合う授業への転換を図るものです。また、いずれも「学びの原則」のほとんどを満たす形で展開する授業形態でもあります。したがって、知識（が残り、活かす形で学べる）だけでなく、技能や態度面もしっかり押さえることができるというメリットがあります。こうした「探究学習」と「調べ学習」の違いに興味のある方は、『増補版「考える力」はこうしてつける』〈前掲〉の１９５〜１９８ページ、『ＰＢＬ 学びの可能性をひらく授業づくり』〈L・トープ他著、北大路書房〉をご参照ください。

テーマ学習と他の学習法の違いをあえて言うと、テーマ学習では押さえたいテーマや概念を中心に据えて授業を組み立てるのに対して、その他の学習では課題や問題、仮説のようなものが中心となる場合が多いことだと思います。

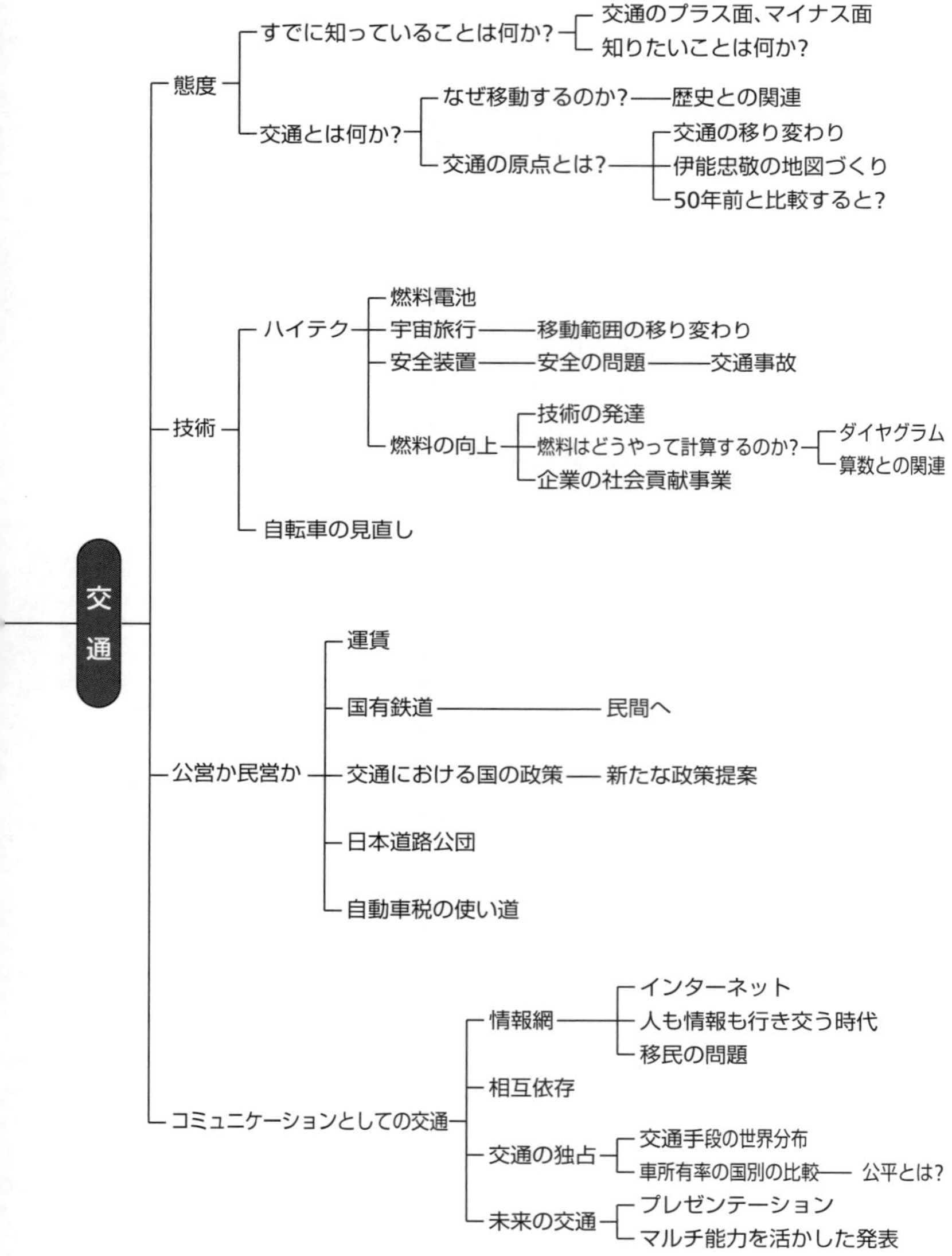
交通
態度
すでに知っていることは何か?
交通のプラス面、マイナス面
知りたいことは何か?
交通とは何か?
なぜ移動するのか?
歴史との関連
交通の原点とは?
交通の移り変わり
伊能忠敬の地図づくり
50年前と比較すると?
技術
ハイテク
燃料電池
宇宙旅行
移動範囲の移り変わり
安全装置
安全の問題
交通事故
燃料の向上
技術の発達
燃料はどうやって計算するのか?
ダイヤグラム
算数との関連
企業の社会貢献事業
自転車の見直し
公営か民営か
運賃
国有鉄道
民間へ
交通における国の政策
新たな政策提案
日本道路公団
自動車税の使い道
コミュニケーションとしての交通
情報網
インターネット
人も情報も行き交う時代
移民の問題
相互依存
交通の独占
交通手段の世界分布
車所有率の国別の比較
公平とは?
未来の交通
プレゼンテーション
マルチ能力を活かした発表

[図4] テーマ学習の一例

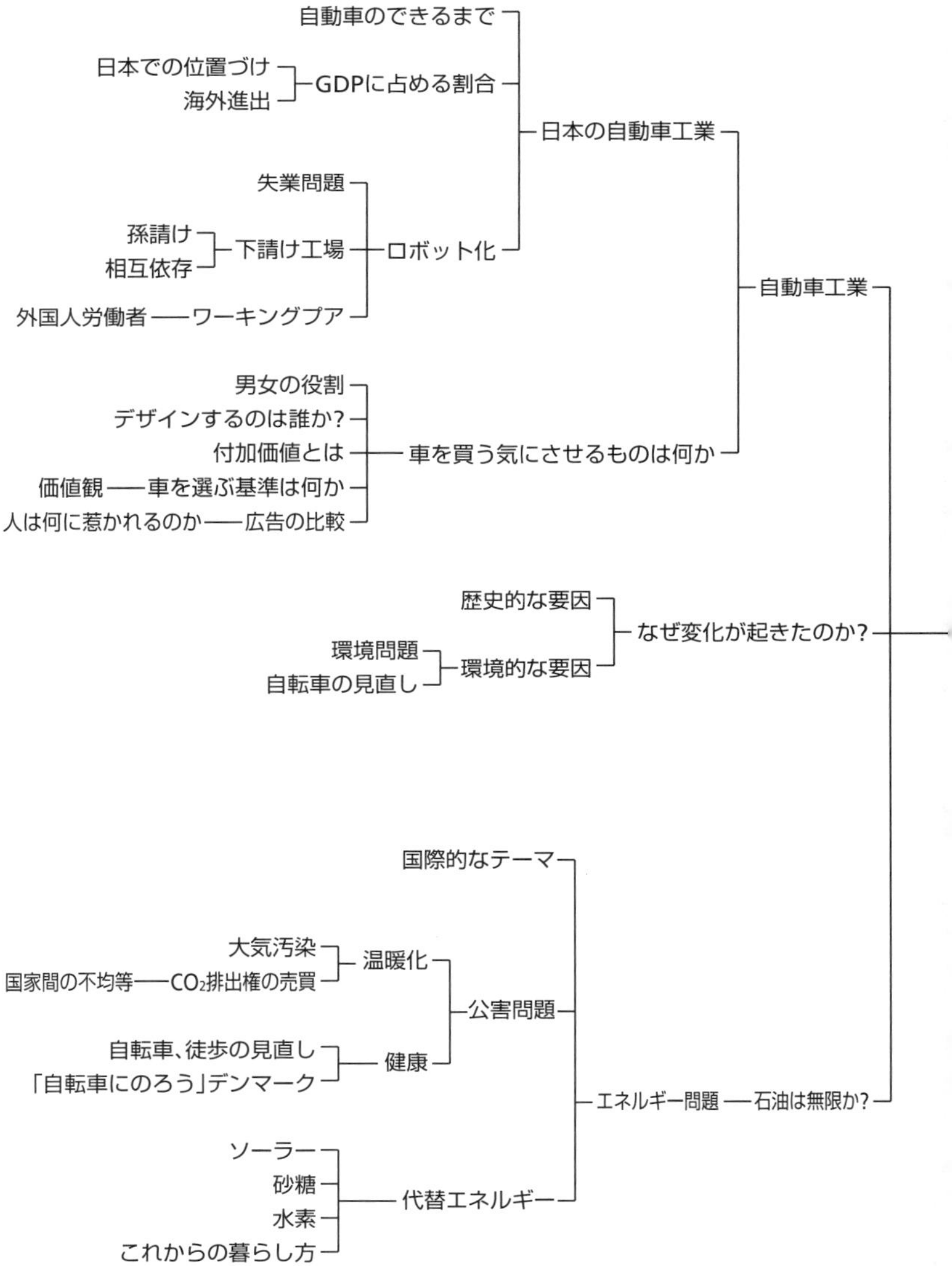
自動車のできるまで
日本での位置づけ
海外進出
GDPに占める割合
日本の自動車工業
失業問題
孫請け
相互依存
下請け工場
ロボット化
外国人労働者
ワーキングプア
自動車工業
男女の役割
デザインするのは誰か?
付加価値とは
車を買う気にさせるものは何か
価値観
車を選ぶ基準は何か
人は何に惹かれるのか
広告の比較
歴史的な要因
なぜ変化が起きたのか?
環境問題
自転車の見直し
環境的な要因
国際的なテーマ
大気汚染
温暖化
国家間の不均等
CO_2排出権の売買
公害問題
自転車、徒歩の見直し
「自転車にのろう」デンマーク
健康
エネルギー問題
石油は無限か?
ソーラー
砂糖
水素
これからの暮らし方
代替エネルギー

また、いずれも個別の教科の枠の中でもできますし、教科を統合する形でもできますが、教科の枠を越えて実施した方が、生徒たちにとってはわかりやすくなると思います。世の中も、生徒たちの脳も教科では分断されていませんから。

▼ワークショップ

一般的な学校の授業は、教師が内容を決め（または教科書通りに進み）、教師＝教える人、子ども＝教わる人／覚える人、という構図で進んでいきます。この関係性では、子どもたちはなかなか主体的に学ぶことができません。

「なぜこれを学ぶの？」「なぜこれを勉強するの？」という疑問が起きるのも当然のことでしょう。本来、学ぶことはとても楽しいことのはずです。

『「学び」で組織は成長する』〈前掲〉の中には、学習者が学びたいと思うには次のような条件が必要だと記してあります（18〜19ページ）。

1　おもしろいと思える
2　やりがいがあり、熱中できる
3　役立つし、仕事や生活に活かせる

4　常日頃おろそかにされがちな振り返りを当たり前のものにしてくれる
5　自分の成長を感じられる
6　もっと学べることも含めて、自分の可能性に気づける
7　プロセスで他者との関わりがあり、楽しい

子どもたち（もちろん大人も条件は同じです）が右記のように感じながら学べる方法の一つにワークショップがあります。

ワークショップとは、たとえばライティング・ワークショップなら本物の作家やジャーナリストになったり、「歴史」のワークショップなら本物の歴史家になったり、「地理」なら地理学者や旅行代理店の企画者になったり、「算数」なら測量技師になったり、「理科」なら科学者になって正体不明の液体を実験で明らかにしたり、という本物になるプロセスを体験し、それを通して学ぶというアプローチのことです。

このアプローチの根幹にあるのは、何といっても「本物」になり切る体験です。自分自身がまさしく主役となって学ぶのですから、やる気にならないはずがありません。教師があれこれ教えるのではなく、「実際にやってみること」を通して学ぶのです。体験から学ぶというのは、学びにとってとても重要なことです。

では、ライティング・ワークショップの様子を見てみましょう。

従来の作文指導は、どのように行われているでしょうか。教師が「遠足について」のように書くテーマを決め、子どもはそれを書かされます。なんとか書き終えると教師に提出し、赤ペンでチェック・評価され、返されて終わりです。この作文には、読者は教師しかいません。このような作文の授業が子どものころ嫌いだった、という人も多いのではないでしょうか。教える教師にしても、この方法が好きという人はそうたくさんいるとは思えません。

これに対して、ライティング・ワークショップでは、子どもたち一人ひとりが「作家」になります。私（岩瀬）のクラスの子どもたちは、この時間になると、「作家ノート」を取り出します。その中には書きたいことのメモやアイディア、下書きなどがたくさん書かれています。普段から「作家」として書けそうなことをためているのです。

ノートをもとにまず、「自分が今書きたいこと」を決定します。テーマが決まったら、早速下書きを始めます。自分の書きたいことを書く時間なので、子どもたちは時間を忘れて夢中になって取り組みます。途中困ったことがあったり、アドバイスが必要になったりすると、教師や友だちに手助けを求めます。教師や友だちは、その作品を読み、よい点をほめたり、改善点をアドバイスしたりします。各自がお互いの編集者になるのです。この時間は、教師も子どもたちと一緒に書くことがあります。教師はモデルとしての役割を果たします。

書いている途中では、友だちや教師のアドバイスやカンファレンス、自分の振り返りをもとに何度も修正したり、書き直したりという、本物の作家が行うのとまったく同じプロセスを体

[表8] 従来の作文と「書き」のワークショップの比較

通常国語の作文の授業	「書き」のワークショップ
・書くテーマが決まっている	・書きたいことが書ける
・読み手は教師	・本当の読者が存在する
・教師が修正、校正をする	・自分、または友だちのアドバイスで何度も修正、校正をする
・題材探しをしない	・書くテーマ探しが重要
・教師が赤ペンで評価	・自己評価と友だち、教師、保護者等からの励ましを中心にした評価
・一人で書く	・チームで学ぶ
・振り返りがない	・振り返って学ぶ
・共有する時間がない	・共有する時間がある
・完成、結果を重視	・プロセスを重視（もちろん結果も）
・教師は評価する人	・教師はモデル
・嫌いな人が多い	・書くことが楽しくなる
・発表する機会があまりない	・発表、出版が前提
・ジャンルが限られている	・様々なジャンルで書く
・子どもは書かされる人	・子どもは「作家」「ジャーナリスト」
・バーチャルな体験	・本当の体験
・上達の方法がわかりにくい	・成長を自分の作品から実感

験します（まさしく、私が今、この原稿を書いているときに行っていることです！）。

納得できる作品になったら、読者が読みやすいように、文法上の間違いや誤字脱字などを校正します。このときも自分で校正した後は、友だちにチェックしてもらいます。お互いがお互いの編集者であり、大切な学びの仲間なのです。決定稿ができたら、清書し、「出版」します。「出版」は文集という方法の他にも、作品の読み聞かせ、コンテストへの応募、作家の椅子に座っての発表など様々考えられます。読者（保護者や友だち、地域の人など）から、作品の感想が寄せられることもあるでしょう。

ここで二つのプロセスを比べてみましょう（【表8】）。違いがより明確になると思います。

子どもは、たとえば以下のような感想を述べています。「私がうれしかったことは、今まで作文ってどうやっていいものをつくるのかがわからなかったけど、題材集めから↓下書き↓修正↓校正↓出版というふうに作家の気分になれたこと。作文の直し方や書き出しの工夫がよくわかった。友だちに読んでもらうのも、よいアドバイスがもらえるし、やっぱり作文は修正（校正）が大切だなーと思いました。それに私は書いているときがとっても幸せです！　ライティング・ワークショップがあって、本当によかったです。楽しい授業の一つにランクインです！」

「書けるようになるには」という説明を聞いても、書けるようにはなりません。それは、スキーのビデオを見ても、スキーを滑れるようにはならないのと同じことです。

体育や図工、技術家庭などの授業は、総じて子どもたちに人気があります。それはなぜでしょうか？　それは、実際にやってみることを通して学んだり、本物の「サッカー選手」や「画家」になって学ぶからではないでしょうか。これを他教科にも活かさない手はありません。

ワークショップを整理すると、以下のようになります。

1　本物になる枠組みをつくる

「本物の作家になる」「本物の科学者になる」など。

2　本物のプロセスを実際に体験する

このプロセスが決定的に重要です。ライティング・ワークショップの場合は、①題材集め、

②構想を練る、③テーマの決定、④下書き、⑤修正、⑥校正、⑦清書、⑧出版、⑨評価です。④〜⑥はお互いが編集者となって繰り返します。ここでは子どもたちに多くの選択の余地を与え、自分たちで考え、選んで、相談して進められるようにすることが大切です。

3 成果を発表、評価、振り返る

ライティング・ワークショップでは、書いた作品を出版する、いろいろな人に読んでもらって感想を聞く、自分の作品を読み直して振り返り、次回の作品に活かす、などです。

ワークショップを取り入れることにより、子どもたちは学びの主体となり、熱中して学ぶようになります。そのような子どもたちの姿を見て、教師もまた授業を行うことが楽しくなり、また今までの授業を見直して新しい授業を創造していく、というよいサイクルが生まれます。これはクラスや学校が変わっていく大きな原動力となるでしょう。

ワークショップを実施する際の鍵は、本物のプロセスを年間を通して回し続けることです。たとえばライティング・ワークショップなら①〜⑨の作家のサイクル、他教科の場合は、それが探究のサイクル（理科や社会）や問題解決のサイクル（算数・数学）となりますが、基本的には同じサイクルです。「自立した書き手、探究者、問題解決者、学び手」になるためには、このサイクルを自分で回せるようになることこそが大切であり、教師のサポートもそれに注がれるべきなのです。

ワークショップに興味をもたれた方は、「ライティング・ワークショップ　作家の時間」で検索すると、日本で初めてライティング・ワークショップを実践したメンバーが運営するホームページが見られます（著者の二人の仲間が運営しています）。このホームページには作家のサイクルに関する図表が見られるほか、「オススメ図書紹介（教師用）」のページでは、「作家の時間」と「読書家の時間」を実践する際の参考図書も見られます。興味がもてるものから読み進んでください。また、「WW／RW便り」というブログも週一で出しています。なお、現在これら二つの応用プロジェクトとして「数学者の時間」「市民／歴史家の時間」「科学者の時間」のプロジェクトが進行中で、それらの記録も出版を予定しています。ご期待ください。なお『増補版　作家の時間――「書く」ことが好きになる教え方・学び方［実践編］』〈プロジェクトワークショップ編、新評論〉が、２０１８年7月に刊行されました。

▼マルチ能力

人の学び方は多様です。読んで学ぶのが得意だという人、まずやってみることを大切にしている人、じっくり計画を立ててから学びたい人など。

私（岩瀬）は教員研修で、「四つのコーナー」というアクティビティをよくします。「自分の学びのスタイルは、次の四つのどれに当てはまるか」と聞き、四つの場所に分かれてもらうのです。

①見たり、聞いたり、読んだりして学ぶタイプ
②じっくり考えることによって学ぶタイプ
③動いたり、実際に試してみることによって学ぶタイプ
④フィーリングや感情、直感を大切にする形で学ぶタイプ

読者の皆さんは、どれが自分の学び方のスタイルに一番近いですか？　そのときのメンバーによって数にばらつきはあるものの、毎回、見事に四つに分かれます。これは子どもたちで行っても同じです。つまり人の学び方は多様なのです。

ここで学校での学び方を振り返ってみましょう。学校での学び方は、①の学び方が圧倒的に多いのではないでしょうか。総合的な学習やアクティブ・ラーニングが導入され、③の学び方も重視され始めていますが、トータルで見ると①が圧倒的多数です。

となると、多くの子どもたちは、いつも自分の学びのスタイル（得意な学び方）とは違う方法で学ばなくてはいけないことになります。これは大変不幸なことですし、不公平なことです。何よりその子自身の多様な可能性をつぶしてしまうことになりかねません。

授業を、人それぞれの学び方にマッチする教え方に変えていくことにより、よりたくさんの子どもたちが、より楽しく、より深く学べるようになるでしょう。

実は、人の学びのスタイルは、先に挙げた四つよりもずっと多いこともわかっています。ハワード・ガードナーが提唱した「マルチ能力」です。

ガードナーは、「知能指数」という考え方に対し、あまりにも人間の能力を狭く捉えすぎていると指摘し、人々が仕事の中で使っている能力を調べ、整理した結果、少なくとも八つの能力があると定義しました。それがマルチ能力です。

その八つの能力とは次の通りです（カッコ内は代表的な職業）。

①言語能力

言葉を効果的に使いこなす力（作家、ジャーナリスト、編集者、政治家、落語家など）

②論理的・数学的能力

数字を有効に使えたり、何かを明快に論証できる力（数学者、科学者、コンピューター関係、税理士など）

③空間能力

視覚的・空間的に正解を正確に捉えたり、視覚的・空間的な認識を自由に転換できる能力（建築家、インテリア・デザイナー、画家、パイロット、漁師など）

④身体・運動能力

からだを使って問題解決したり、思考や感情を表現できる力（俳優、運動選手、ダンサー、職人、彫刻家、外科医、機械工など）

⑤音感能力
多様な音楽の種類を認識・識別したり、つくり出したり、表現したりする力（演奏家、作曲家、音楽評論家、歌手など）

⑥人間関係形成能力
他人の気持ちや感情、モチベーションなどを見分ける力（教師、医師、セールスマン、政治家、カウンセラー、看護師など）

⑦自己観察・管理能力
自己を認識し、それを踏まえて適切に行動する力（起業家、プランナー、聖職者など）

⑧自然との共生能力
自分の周りの植物や動物、無生物も含めて、認識し、分類できる力。自然現象への鋭敏さを備えた力（植物学者、昆虫学者、農家、自然愛好家など）

（『「マルチ能力」が育む子どもの生きる力』〈T・アームストロング著、小学館〉をもとに引用・改変）

八つの中で、あなたが自分で優れていると思える能力はどれですか？　または劣っていると思う能力は？　もし自分が子どもだとして、学校の教え方が自分の苦手なやり方ばかりだったら？　そう考えると、多様な教え方をすることの重要性がわかります。
教える側・学ぶ側の両者が多様な方法を意識するか、従来の狭い方法に固執するかで、学びの質も量も大きく変わってくるでしょう。

この八つの能力については、「力強い励ましや適切な指導を受けることによって、多くの人は八つの能力すべてをかなりのレベルにまで高めることができる」といいます。

マルチ能力を知り、授業プランを立てる際に意識してみるというシンプルな方法だけで、教師は教え方の引き出しが数倍に増えることになります。ではどのように活かしていけばよいのでしょうか。といっても難しく考える必要はありません。たとえば、国語でよく行われる「読み」の学習を考えてみましょう。通常の授業では当然のことながら①のアプローチで行いますが、他のアプローチは考えられないでしょうか。ちょっと当てはめてみましょう。

・お話をもとに劇やダンスをつくる④
・同じ本を読み、ディスカッションする⑥
・群読をする④・⑥
・読んだことをイラストや絵にする、本が原作の映画を観る③
・作者の工夫を分析し、整理する②
・朗読に、ＢＧＭをつけてみる⑤
・学習の目標を立て、振り返りを行う⑦
・自然をテーマにした本を読んだり、文章を書いたりする⑧

[図5] マルチ能力を使った多様な平和・対立の授業

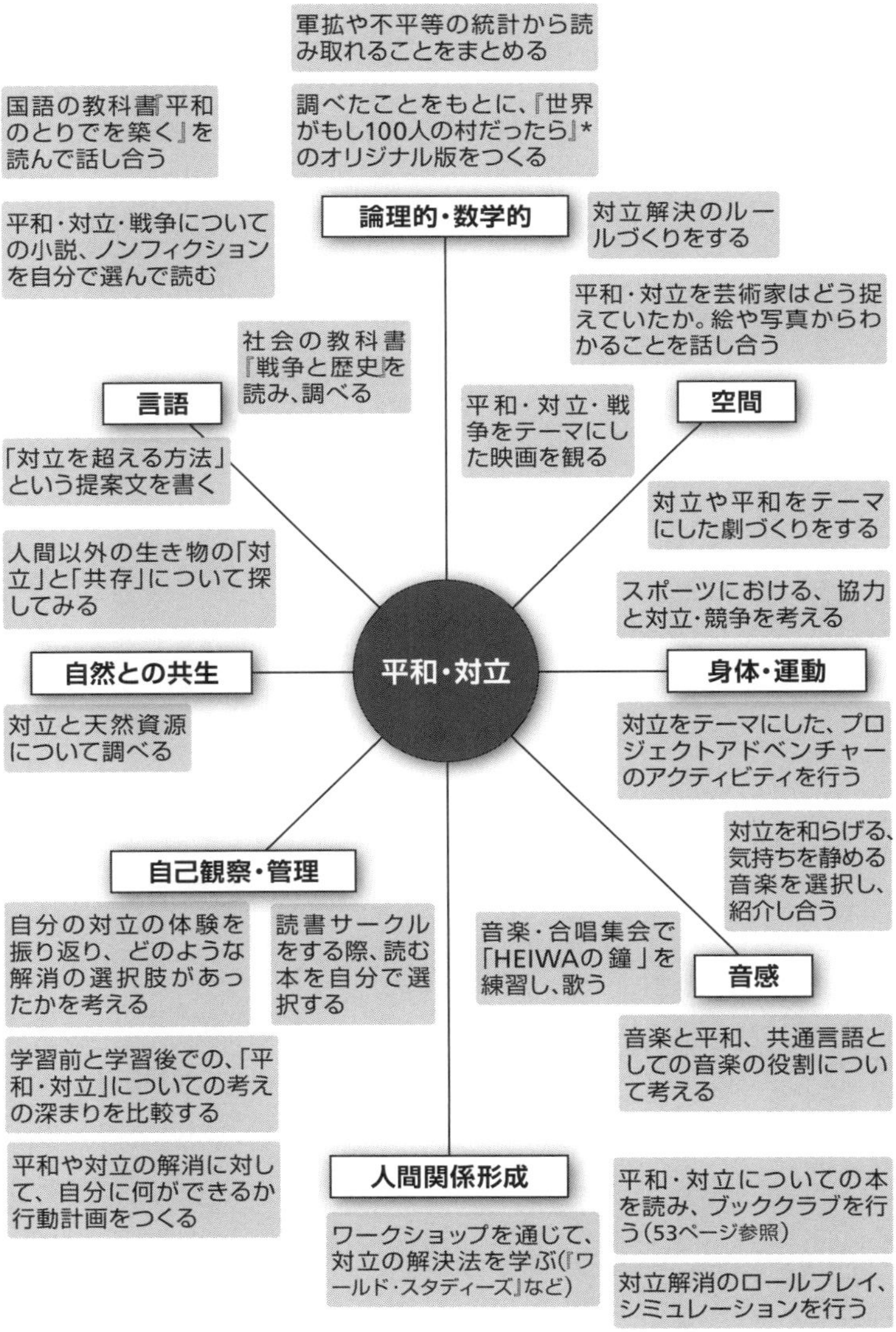
平和・対立
論理的・数学的
軍拡や不平等の統計から読み取れることをまとめる
調べたことをもとに、『世界がもし100人の村だったら』*のオリジナル版をつくる
対立解決のルールづくりをする
空間
平和・対立を芸術家はどう捉えていたか。絵や写真からわかることを話し合う
平和・対立・戦争をテーマにした映画を観る
対立や平和をテーマにした劇づくりをする
身体・運動
スポーツにおける、協力と対立・競争を考える
対立をテーマにした、プロジェクトアドベンチャーのアクティビティを行う
音感
対立を和らげる、気持ちを静める音楽を選択し、紹介し合う
音楽・合唱集会で「HEIWAの鐘」を練習し、歌う
音楽と平和、共通言語としての音楽の役割について考える
人間関係形成
平和・対立についての本を読み、ブッククラブを行う（53ページ参照）
対立解消のロールプレイ、シミュレーションを行う
ワークショップを通じて、対立の解決法を学ぶ（『ワールド・スタディーズ』など）
自己観察・管理
自分の対立の体験を振り返り、どのような解消の選択肢があったかを考える
読書サークルをする際、読む本を自分で選択する
学習前と学習後での、「平和・対立」についての考えの深まりを比較する
平和や対立の解消に対して、自分に何ができるか行動計画をつくる
自然との共生
人間以外の生き物の「対立」と「共存」について探してみる
対立と天然資源について調べる
言語
国語の教科書『平和のとりでを築く』を読んで話し合う
平和・対立・戦争についての小説、ノンフィクションを自分で選んで読む
社会の教科書『戦争と歴史』を読み、調べる
「対立を超える方法」という提案文を書く

＊『世界がもし100人の村だったら』〈池田香代子再話、C.ダグラス・ラミス対訳、マガジンハウス〉

と、いろいろな学び方が考えられます。もちろん、毎回すべてをやる必要はありません。一つだけでも付け足してみるといいでしょう。

以前、理科で学んだことを歌にして覚える、ということを実践したことがありますが、子どもたちは夢中になって活動し、テストもよくできました（それ以来、得意な子は毎回学んだことを家庭学習で歌にしています）。

また、前項101ページのテーマ学習に活かすこともできます。たとえば総合的な学習や、社会・道徳・国語の合科（いくつかの教科を合わせて教える）で「平和・対立」をテーマに学習を進めようと考えた場合でも、**【図5】**のような実に多様な学び方が考えられます。

（引用・参考・『「マルチ能力」が育む子どもの生きる力』〈T・アームストロング著、小学館〉、『ようこそ、一人ひとりをいかす教室へ』〈前掲〉）

▼「思考の6段階」で問いかけ方を考える

質問するということは、授業で教えたり、学んだりする上で最も重要な要素の一つです。教師の間では「発問」ともいわれ、授業を考える際の核となっています。また日本の国際理解教育に大きな影響を与えた翻訳書、『ワールド・スタディーズ』〈S・フィッシャー他著、国際理解教育センター〉15ページには、次のように書かれています。

「教育」の鍵は、知識よりむしろ「問いかけること」です。教師は、こどもにどう問いかけたらよいかを心得ていなくてはなりません。（中略）「問いかけ」は、情報が目まぐるしく移り変わる今日の世界では、わたしたち教師がこどもたちに提供できる最良のものと言えましょう（略）。

さてそれくらい大切な質問ですが、教師が発する質問のうち、一番多い質問はどんな種類のものだと思いますか？　あなたが子ども時代、教師から受けた質問で一番多かったものは何でしょうか？　ある研究では教師の質問の60パーセントは単なる記憶の再生を求めるものであるといいます（あるいはもっと多いかもしれません！）。いわゆる一問一答の質問です。これでは学びが深まるはずもありません。

よい質問には、以下のような利点があるといわれています（『増補版「考える力」はこうしてつける』〈前掲〉92ページを改変）。

- **思考力を伸ばす**
- **より高いレベルの思考を刺激する**
- **理解をはっきりさせる**
- **教えることや学ぶことへのフィードバックを得る**

・修正する方法を提供してくれる
・アイディア相互の関連を明らかにする
・好奇心をかき立てる
・チャレンジ精神を提供する
・新たな疑問、学びたいことを生み出す
・学習者が自分で知識を構成するきっかけを与える

教師が問う質問の質を変えれば、授業は一気に変わっていきます。質問を変える、というシンプルな方法が、授業を楽しく、学びがいのあるものに成長させるのです。

一問一答の質問ではなく、右記のような利点がある質問をするには、どうすればよいのでしょうか?

ベンジャミン・ブルームの思考の分類（Bloom's Taxonomy）は、質問を考える上で多くのヒントを与えてくれています。ブルームは、解答に必要な思考のレベルに応じて6段階に分類しました【表9】。

たとえば、ゴミの単元の授業をする場合、どのような質問が考えられるでしょうか。ブルームの分類に従って考えてみましょう（『増補版「考える力」はこうしてつける』〈前掲〉95ページを改変）【表10】。

これらの質問を比べると、「覚える」「理解する」の質問にとどまらずに、より高いレベルの

[表9] 解答に必要な思考のレベル

使われる思考力	必要なプロセスの説明
覚える	記憶だけが必要。情報を思い出す
理解する	言い換えが必要。情報の言い換えと比較
応用する	知識を新しい状況や体験に応用することが必要
分析する	動機や原因、そして証拠を明らかにしたり、結果を導き出すために情報を使うことが必要
まとめる	予想を立てたり、問題を解決するために、情報をまとめることが必要
評価する	意味をつくり出したり、判断をしたり、意見を提示するために情報を使いこなすことが必要

[表10] ゴミの単元で考えられる質問

思考の種類	質問の例
覚える	ゴミはどこで見つけましたか？
	どんな種類のゴミがありましたか？
理解する	なぜ、そこにゴミがあったと思いますか？
	何種類にゴミを分類できますか？
応用する	身近なところにある他の環境問題の例を考えられますか？
	廃棄物の問題は、ゴミだけでしょうか？
	身近な環境問題と、国や地球レベルの環境問題につながりはありますか？
分析する	このようにゴミが捨てられる原因は何だと思いますか？
	なぜ不法投棄するのでしょうか？
	ゴミの廃棄の結果、どのような問題が起きていますか？
まとめる	不法投棄やポイ捨てをなくすには、どうすればよいと思いますか？
評価する	ゴミを減らすために、わたしたちはどんな選択肢をもっていると思いますか？
	不法投棄や、ゴミが散乱していることについて、あなたはどう思いますか？　具体的に行動できることはありますか？

質問をしていくことで、子どもたちの学びが深まっていくことがわかるでしょう。

これらの質問は、教師からの質問にとどまりません。子どもたちも効果的な質問をつくり出すことができます。たとえば私（岩瀬）のクラスではワークショップの学びの実践にたどりつくまで、「リテラチャーサークル」という学習方法を実践していました。リテラチャーサークルとは、アメリカ・シカゴの公立学校の教師だったハーヴィー・ダニエルズらが開発した読書指導の方法です。子どもたちは数種類の本から読みたい本を1冊決め、その本ごとに3〜5人のグループをつくって、それぞれ担当の役割を決め、役割にのっとった方法で読んでいきます。あとはグループごとに自由にディスカッションします。役割の一つに「クエスチョナー」があります。読んだ範囲の中で、グループでディスカッションしたい質問を考える役です。その際、子どもたちにブルームの思考の6段階を示して、質問づくりのヒントにしました。最初は1、2段階の質問が多かった子どもたちも、次第に次のような質問をつくり出すようになりました。

・なぜ主人公は父が死んで1か月で立ち直れたのか。もし自分たちだったら？（『ガラスのうさぎ』）

・作者はこの本を通して何を伝えたかったのだろうか。訳者はなぜこの本を訳そうと思ったのか（『あのころはフリードリヒがいた』）

・なぜユダヤ人だけが差別されるようになったのだろうか。原因は何だろうか（同右）

・作者は、第二次世界大戦中に国を追われて苦しんでいたのに、なぜこんな明るい本を書くことができたのか（『ふたりのロッテ』）
・黒犬と船長にはどんな関係があるのか？　シルバー船長は最後どうなるのか？（『宝島』）
・ブリアンとゴードン、どちらがリーダーにふさわしいと思う？（『十五少年漂流記』）
・この本は人におすすめできるか？　どんな人に読んでほしいか？（『冒険者たち』）

質問でとても大切なことは、質問後、待ち時間を長くするということです。教師は一般に沈黙を苦手として、ついつい性急に答えを聞きたくなるものです。しかし、待ち時間にはとても意味があります。

ある研究では、教師の待ち時間を3～5秒間延ばした実験をした結果（たった5秒です！）、以下のような結果が得られたそうです。

①生徒がより多くの解答を考え出せた
②生徒たちの解答はより考え抜かれたものになった
③より多くの生徒が答えるようになった
④生徒がつくり出す質問の数が増えた
⑤様々な生徒が発言することで、クラスに活気が出るようになった

⑥より生徒中心の授業になった

よい質問を用意し、そして待つ、場に委ねる。これを続けることで授業がかなり改善されていきます。毎回どのような質問にするかを考えるのが楽しみにもなります。同時に、教師がいい質問（問いかけ方）をモデルで示すことで、自然に子どもたちの質問（問いかけ）のレベルも上がっていくでしょう。

思考の６段階やマルチ能力などを手がかりに、普段当たり前に行われている質問をもう一度意識して見直し、改善していくことで、子どもが主役の授業の手がかりをつかめるでしょう。

（参考・本文で紹介した本以外に、思考力を伸ばす問いかけに参考になる本として、『たった一つを変えるだけ』〈D・ロススタイン他著、新評論〉と『増補版「読む力」はこうしてつける』〈吉田新一郎著、新評論〉がおすすめです。）

▼異学年の学び合い

私たちはどんなときによく学べるでしょうか。聞いたとき、見たとき、話し合ったとき、体験したとき、など。１１６ページにあるようなマルチ能力から見れば、人によっても違います。

私たちは、聞いたときに納得したり、わかったつもりになっても、基本的には「右の耳から入って、左の耳から出ていってしまう」のたとえそのままに、ほとんど残らないようです。それは、感激して見たものについても見ただけでは同様のことが言えるようです。聴覚や視覚だけではまだ脳の中で様々な関連づけをするには不十分なのかもしれません。対話したり（これは、前述の聞く、見るといったどちらかといえば受動的な作業以外に、話すという、より主体的に考えることを伴った能動的な作業です）体験を通して感情も動いた場合、ただ聞いたり見たりするよりも、よりよく学べるのではないでしょうか。

そして実は、「人に教えてみる」というのも、力強い学び方です。人に何かを教えるときにこそ、なんとなくだった自分の理解を、言葉で整理し、その上で外化することになり、一段と理解が深まります。そして多くのものを頭の中にとどめることになるのです。

これは、これまでの「教える」「学ぶ」という関係を逆転するような現象です。教師ががんばって教えれば教えるほど、黒板の前に立って話したり、黒板に書いたりすることになりますから、先生ばかりが学んでいることになります。これでは本末転倒です。

それに対して、教師ばかりが話したり、教えたりすることをやめ、生徒たちが体験し、さらには互いに教え合ったりしたときに、より多くの学びが得られます。そう考えると、自ずと教師は何をすべきか明らかになります。

もう一方で、文部科学省がずいぶん前から、欧米では普及しているという理由（注1）で日本でも導入し始めた習熟度別クラス編成の〝おかしさ〟も明確になります。習熟度別のクラス編成は、あくまで教える側の教師にとって都合のいいクラス編成であって、学ぶ側の生徒たちにとっては、「互いに教え合うことで学ぶ方法」を奪われてしまいますから、よく学べなくなってしまうわけです。

同じ理解度の子どもたちだけだと比較に意識が行き、競争の方向には行っても、互いに協力し合おうという方向には行きにくいものです。そもそも私たちは、本当に競争をすることが求められているのでしょうか？　また、それがいい学びやいい人間関係をつくり出すことになるのでしょうか？　この習熟度別クラス編成は、能力を極めて狭く捉えることで成り立っています。要するに、その教科のテストの点数です。

しかし、教科を通じて身につけさせたいのは、知識の量（「暗記の量」と言った方が正しいかもしれない）だけでしょうか？　協力し合う、困った人を助ける、教え方を身につける、コミュニケーション能力を身につける、ベストを尽くすなどの技能や態度も同じレベルで大切なはずです（「チーム学習」〈93ページ〉や「マルチ能力」〈116ページ〉の項も参照）。

注1　日本の文部科学省が言い始め、そして導入し始めたときには、すでに欧米では習熟度別の効果がないことが調査研究と実践の結果明らかになり、それをやめる方向で動いていたときでした。

逆に、本項のテーマである異学年（＝異年齢）の生徒たちが交わり合って学び合い・教え合う機会を多くつくることは、極めて自然なことであると同時に、両者にとって最大の学びを引き出す方法です。子どもたちにとっては、教師から教えられるよりも、友だちから教えてもらった方がよくわかるし、楽な場合の方が多いことを、私たちは理解すべきです。また、子どもたちは他の子に教えることも大好きです（このような学びの最大のチャンスを、教師が奪ってしまっていいのでしょうか？）。

欧米のように異学年・異年齢のクラス編成は難しくても、次のようなことは現実的にできるのではないでしょうか。

- ゲスト・スピーカーとして他のクラスで話す
- 互いの本などを紹介し合う
- 気に入った本の読み聞かせをする
- 書いた文章の読み聞かせをする
- 自分たちが習ったことを発表し合う
- 必要な補習のサポート役になる
- 休み時間に一緒に遊ぶ
- コンピューターを教え合う
- 合唱団で一緒に歌う
- オーケストラで一緒に演奏する
- 一緒に社会科見学や遠足に行く

・異年齢の子が参加する様々なクラブ活動をする

・一緒に総合的な時間等で探究学習をする

と、ここまで読まれて、これじゃ同学年（同じクラス）でもやれるでしょう、とお思いの方もいるでしょう。ぜひ、ドンドンやってください。子どもたちにその環境さえ提供できれば、子どもたちはこれまで以上によく学べるようになることは確実ですから。

異学年編成のメリットは、学年が違うと教える・学ぶという関係が、同学年よりもスムーズに運ぶということです。低学年は、教えられて当たり前、高学年は教えて当たり前、と思っていますから、それぞれの立場が明確なわけです。それが、同学年となると、人間関係によっては、問題ないと思いますが、やはりどこかに競争意識が働いてしまう可能性があります。したがって、93ページで紹介したようなチーム学習が効果的なわけです。

これから全国的に学校規模が小さくなっていきます。一クラスの人数が減ってくるのをチャンスに変えることができます。異年齢編成で新しい学びの形を目指せるのです（参考・『遊びが学びに欠かせないわけ』〈P・グレイ著、築地書館〉が、異学年・異年齢の学び合いにはおすすめです）。

本当の仕事をすることが、学びも本物にする

生徒たちが勉強しているときに抱えている最大の疑問は、学んでいることの意義というか、価値についてです。つまり、それらがどう役立つのかを知りたがっています。

しかし、教科書をしっかり教えるアプローチでは、なかなかそれが伝わりません。教師を含めた大人の側は、「社会に出たら役立つから」とか「テストに出るからやっておいた方がいい」レベルのことしか言えません。それでは、テストが終わるまでは記憶に残っても、なかなか身につく形での学びにはなりません。

そこで考え出されたのが、小学生向きの、校内で本当の仕事に従事することと、中学生・高校生向きの、校外で本当の仕事に従事することです(後者については、次項で紹介します)。

私たちは、子どもたちの学ぶ意欲の低さを嘆きます。この状況は、日本だけでなくアメリカを含めた海外の多くの国々でも同じようです。アメリカの教育雑誌 *Educational Leadership* では、「生徒たちは、学びたいと思っているのか?」という特集を組んでいるぐらいです。

その答えは、「時と場合による」です。しかし、「うまく招き入れられたときは、確実に学びます」でもあります。もちろん、招き入れるのはほとんどの場合、教師なわけですが。

そして、招き入れるコツ(つまり、どういう要素があれば、生徒たちは学びたくなるのか?)を次の

ように整理してくれています。

①自己肯定できること
②貢献できること
③目的／ねらいがはっきりしていること
④意味のあることを自分でできること
⑤いい学びの環境／雰囲気があること
⑥教師の教え方のスタイルが、生徒の学び方のスタイルにマッチしていること
⑦チャレンジできること

（*Educational Leadership*,〈ASCD, Sept. 2002〉の7～8ページ）

本項で紹介するように、子どもたちが校内で本当の仕事をすることは、これらの要素のほとんどをカバーしますから、子どもたちにとってはかなり高いレベルで学びがいがあることになります。また、本当の仕事をしているそのときに学べるだけではなく、それが既存の教科を学ぶ意欲にもつながりますから、影響は大きいです。

子どもたちが校内で行う仕事として具体的にどんなものが考えられるかというと、小学校中学年では校内郵便局や売店の運営、校内の案内表示やデコレーションなど、高学年では印刷、

低学年の世話、学校新聞の発行などがあります。

たとえば学校の売店の運営は、足し算・引き算・掛け算・割り算などをマスターするのにピッタリなわけですが、それ以外にも何を販売するのがいいのか、実際の仕入れの交渉、宣伝やプロモーション、そして毎日の精算といった仕事があります。それらの様々な仕事を、役割を交換しながら、3〜4人のチームでこなしていきます。これなら計算が不得意な子も、やりこなせるようになるでしょうし（得意な子がしっかりその場でサポートしますから）、書く能力や交渉能力をもっている子たちも、自分の能力を発揮することができます。さらには、自分たちのしている仕事をテーマにした様々な学習が考えられることは言うまでもありませんし、中には既存の教科との関連で位置づけられるものもたくさんあります。

「印刷」というのは、学校で使う様々な用紙の種類を考えて印刷する仕事のことです。「低学年の世話」とは、遊び・学び友だちになることです。具体的に「読み聞かせ」一つとっても、それは低学年の子どもたちのためになることはもちろんですが、そのための準備のことを考えると、同じレベルか、それ以上に自分たちの学びになることは間違いありません。基本的に、生徒たちがやれることを教師や保護者などの大人が取り去ってしまわないということです。これらの大事な仕事をすることで学べることはたくさんあるのですから。

（参考・*I learn from Children*,〈Caroline Pratt, Perennial Library〉および『遊びが学びに欠かせないわけ』〈前掲〉）

▼インターンシップが、学ぶ意欲をかき立てる

小学校の低学年・中学年ぐらいまでは、学ぶ意欲の問題は少ないと思うのですが、勉強の内容も難しくなり、学校で学んでいることと実生活との関連が見出しにくくなる高学年以上になると、「先生、これ何で勉強するの？」というのが大きな疑問であり続けます。

こうした生徒と教師の悩みに応える教え方が、テーマ学習やプロジェクト学習、ワークショップですが、ここで紹介するのは、「学校の中の仕事を通した学び」の校外版です。実社会で行われている仕事に実際に従事する形で、仕事と学校での学習を関連づけながら学んでいく方法です。

今では中学校で長くて1週間ほどの「職場体験」を、高校でもキャリア教育の一環として「インターンシップ（ないしサービス・ラーニング）」をすでに導入しているところはありますが、ここでいうインターンシップは、もちろんキャリア教育との関連性はありますが、それを独立した形で位置づけるのではなく、既存の教科と関連づける形で行うものです。

つまり、仕事で使われている知識や技能や態度を、各教科で押さえなければいけない知識・技能・態度と結びつけることによって、生徒たちに、なぜ学校での学習活動が意味のあるものであるかを見えるようにすることも主要なねらいとしている、ということです。この点が弱い

と、生徒たちにとっては「何が何だかよくわからないけど学ばされている勉強の息抜き」や「教室でおとなしく座って、先生のおもしろくない講義を聞かされるよりは、はるかにマシ」としてしか「職場体験」や「インターンシップ」を捉えることができず、せっかくの教科学習との関連を意識できるチャンスを逃してしまいます（なお、積極的に捉えられる子たちは、「実際に体験できるのでいい」「人間関係も学べるのでいい」と従来の「職場体験」や「インターンシップ」を評価していますが、それも感想文や感謝状を書いて終わりという程度では、単なる体験学習の域を出ません）。

またこれまでの学校教育は、その重要な目的の一つであるはずの「社会で責任をもって生きていくための資質・能力を身につける」こともほとんどできないままに、生徒や学生を卒業させている状況が続いています。また、掛け声では「生涯学習」とは言いつつも、あまりに学校・大学時代の学習体験が悪いので、学習そのものからも卒業してしまっている人が少なくない現状は寂しすぎます。

こうした状況を回避するために、今まで努力し続けてきたことをさらに努力してやったところで、改善は期待できません。違ったやり方を導入しない限りは改善しないはずです。

欧米の学校では、毎週決まった曜日の午前とか午後を、企業を含めて、病院、非営利で活動する様々な民間団体、学校・幼稚園・保育園、福祉施設、博物館などの社会教育施設、自治体などでのインターンシップに割り当てるところが増えています。継続的に関わることで、受け入れ側も単なる職場体験を超えたものに意識して取り組ませることができます。また、学校などによっては、単なる職場での受け入れだけを要望するのではなく、職場のメンター（よき先輩）と生徒の一対一の関係を築くことで、さらに付加価値をつけようとしているところもあります。学校側にとっては、毎週決まった時間帯に生徒たちが学校にいないので、その時間を教師たちの授業準備の時間として利用することができるというメリットもあります。教師たちは、この時間を利用して、生徒たちが職場で体験していることと既存の教科との関係をどのように教えたらいいか、準備することができるわけです。

以上のようにインターンシップは、単に生徒や受け入れ組織にとってメリットがあるだけでなく、学校や教師にもメリットがあり、少なくとも一石三鳥の仕組みと言えます。しかしながら、これを実現するためには、企業をはじめ地域の様々な団体の協力を得ることが前提になりますし、保護者たちの理解を得ることも欠かせません。しかし、それによって得られる見返りには、計り知れないものがあるということです。十分に試してみる価値はあります。

（推薦図書／サイト・『図解　はじめる小学校キャリア教育』〈三村隆男著、実業之日本社〉、〝SCANS REPORT〟〈これは、一九九一年に米国労働省から出された報告書です。この書名で検索すると情報が入手できます。〉）

▼クラス・ミーティング

65ページで「会議の改善」で学校が変わることを書きましたが、それはクラスにも同様のことが言えます。クラスの意思決定や問題解決の場所というと、学級会が思い浮かびますが、これもまた形骸化していることが多いようです。結局クラスの問題は教師が解決することになりますが、頻発する問題に対処し切れなかったり、時間が足りなかったりで、疲れていくばかりです。学級会（に限らず多くの会議）の形式は、歴史をさかのぼると何と19世紀のイギリス議会がモデルになっているそうで、形骸化も無理はありません。

この学級会を、子ども主体の会議＝クラス・ミーティングに変えると、何が起きるでしょう？クラスで起きる様々な問題を教師の手を借りずに、自分たちで解決できるようになるのです。「このクラスは自分たちでよくしていける」「このクラスは自分たちのものである」という気持ち（オーナーシップ）が育ち、より主体的になっていきます。自分は人の役に立つし、友だちも自分を助けてくれるという、温かく、安心できる風土がクラスに生まれます。私（岩瀬）のクラスでは、クラスの様々な課題、提案や企画、友だち関係のトラブルもほとんどこれで解決できていました。また自分たちでルールもつくっていき、変更していきます。小さな民主主義がクラスの中で育っていくのです。驚くことにそのようなクラスになると、問題も減り、学力まで向上するのです。安心して生活でき、学べるのですから当たり前かもしれません。

子ども主体の会議＝クラス・ミーティングとは、どのように行うのでしょうか。様々な方法が考えられますが、ここでは私が行っている方法を紹介します。

1 サークル（円）になる

机を片付けて、床で、または椅子だけで黒板のほうを向いて、サークルをつくります。机があるとどうしてもお互いの間に距離ができてしまい、信頼関係や集中する姿勢を築きにくくなります。

サークルになることで、参加者が対等になり、お互い聞き合うことを大事にできます。

環境の準備については、「どれだけの時間で準備ができそうですか？」ということ自体を課題解決の問題として取り組むと、あっという間に早くなります。2回目は「どうすればもっと早く、安全に準備できるでしょうか？」と質問すれば、いろいろとよいアイディアが生まれてきて、これ自体がクラス・ミーティングになります。

2 チェックイン（アイスブレーキングや感謝の交換など）

まずはチェックインです。参加者全員が口を開く機会や笑顔になれる時間をつくりましょう。「昨日はどんなことがあった？」と近くの2、3人でおしゃべりしたり（チェックイン）、アイスブレーキング（緊張をほぐすための活動）や、肯定的な雰囲気で進めるために、「感謝の交換」を行います。「今日、忘れ物をしたときに○○君が貸してくれました。どうもありがとう！」「1年生が転んで泣いているときに○○さんが、そばに行ってなぐさめているのを見て、すてきだなあと思った」といった感じです。このような肯定的な雰囲気をつくる活動はとても大切です。

「自分も大切にし、相手も大切にする」という肯定的な基盤づくりにもなります。アイスブレーキングについては本もたくさん出ていますし、インターネットで検索してもいろいろな活動を知ることができます。

3　議題箱の中の議題を話し合う

　クラスには議題箱を用意しておきます。ホワイトボードを用意しておいて、議題や提案をあらかじめ書いておく方法もあります。「自分の悩みや問題でもいいし、『○○をみんなでしてみたい！』のような楽しい提案でもいいよ」と説明するといいでしょう。また、直接、教師のところに話しにくる、というのももちろんＯＫにしておくとよいでしょう。提案された議題を提案順に取り上げていきます。全体で話し合うほどのものでない議題は、提案者とこの問題はみんなで話し合った方がいい？　他の方法もありそう？　と尋ねてもよいでしょう。

　話し合いのときには、魔法のマイク（トーキング・スティック）を使うと効果的です。魔法のマイクとは、鉛筆でもぬいぐるみでも何でもいいのですが、それを持っている人だけが話す権利がある、持っていない人は聞く、というシンプルなルールで使います。これによって、話しているときの介入をお互いに控え、聞き合うという雰囲気が自然に出てきます。

　マイクはサークルの真ん中に置いて話したくなった人が取りにいって話してもいいですし、順番に回すことによってすべての生徒に話す機会をつくることもできます。その場合パスをする機会が与えられます。それはすなわち主体的に動き出そうとするチャンスを提供するものになります。

4 問題解決の話し合い

何か問題が起きたときには、基本的に以下のようなプロセスを踏むとよいでしょう。

①議題を出した人、問題の当事者に、もう一度問題について説明してもらう

②問題に対して、わからない点、はっきりしない点を質問する

まずは、いったい何が問題なのかを全員が把握することが大切です。場合によっては、関係している人たちにも発言を求め、問題を理解します。

③問題を質問形式に変える

「どうすれば」をキーワードに、問題を質問形式に変えます。

「どうすれば○○は解決するだろうか」など、「どのようにすれば〜か」というような形です。

問題解決の話し合いは、「○○のせいだ」など過去（原因）に焦点が当たってしまい、犯人捜しになりがちですが、「どうすれば」と言い換えることにより、問題の解決策（＝未来）に焦点が当たり、生産的な話し合いになります。大事なのは犯人を捜すことではなく、解決することなのです。それも肯定的なプラスの雰囲気の中で。

④解決策をどんどん出し合う

解決策をブレーンストーミングの要領でどんどん出し合います。このとき、全員で行うと人数が多すぎて発言するチャンスがなかなか回ってきません。3〜4人の小グループになって行い、出たことを全体で共有するとよいでしょう。椅子だけで集まると、すぐに小グループで円になることができます。円の良さは、すぐにこのように場面転換ができることです。

出された案について、いろいろ補足や追加、発展のアイディアなどを出し合うのもよいでしょう。④のバリエーションとしては、解決策を考える前に、この問題の結果の「最善」と「最悪（または放っておいた場合）」を予想し、「最善」になるにはどうしたらよいか、と考えるのもよいでしょう。

⑤その中から解決策を選択する

たくさん出たアイディアの中から、実行する解決策を選択します。

当事者が選択するという方法と、みんなで決定するという方法の二つがありますので、議題によって使い分けましょう。その問題は、当事者が解決すべきことなら当事者が選んだ方がよいでしょうし、クラス全体に関わる問題だったら、クラスで解決策を合意します。

意見がいくつかに分かれたときは、優先順位をつけて、「Aを実行してみて、1週間たってダメだったらBを実行する」という計画にしておくと、みんなの意見が取り入れられたことになり、合意しやすくなります。

⑥アクションプランを決める

実際にどう実践し、いつ見直すかを決めます。

このときには「5W1H」を活用します。つまり「何を」「誰が」「いつから」「どこで」「なぜ」「どのように」などを確認していきます。そして、その解決策がうまくいっているかどうかを見直す日も決めておきましょう。決めたことは、ボランティアを募って画用紙などに書いて掲示してもらうと、皆が意識するようになります。

クラス・ミーティングの他のテーマとしては、クラスのルールづくりや、教室内の改善プラン、様々なイベントの開催、個人的な悩みへのサポートなどが考えられます。

右記のプロセスをABCDと覚える方法もあります。

A　Ask――問題点を尋ねる

B　Brainstorm――解決策をブレーンストーミングする

C　Choose――一番よい解決策を選ぶ

D　Do it？――実行する

（参考・『対立がちからに――グループづくりに生かせる体験学習のすすめ』〈W・J・クレイドラー他著、みくに出版〉）

その他の大切なこととしては、次のようなことが挙げられます。

・継続して行うこと

すぐに生徒主体のミーティングができるようにはなりません。短い時間でも毎日できることが理想（朝の会の代わりとして）ですが、最低でも週1回の割合で継続していくことが大切です。

・教師はファシリテーター

司会進行は、最初は教師が行うことをおすすめします。教師がファシリテーター（引き出し役）として、よい司会進行のモデルとなって子どもたちに示すことが大切です。ミーティングを継続していくうちに、教師をモデルに学んだ生徒たちが司会進行できるようになるでしょう。

・子どもを信頼する

大切なことは、あくまでも主体は生徒であるということです。生徒たちには自分たちのことを自分たちで決める力があるし、責任をもつこともできる、問題を解決する力があると信じることです。これは大人の会議でも変わりません。教師がどうクラス・ミーティングや子どもたち、授業を考えているかは必ず子どもたちに伝わります。

・失敗を大切にすること

すぐによい話し合いができるようになるわけではありません。子どもたちも練習が必要です。「この解決策はうまくいかないかも」と思っても、じっと我慢しましょう（人権に関わったり、誰かが傷つくような解決策は除く。そういうときは教師の出番）。失敗こそ学びのチャンスです。

・練習が必要。プロセス自体が学びである

いきなり上手な問題解決ができるようになるわけではありません。練習が必要です。問題解決に自分たちで取り組んでいるプロセスそのものが大きな学びなのです。

クラス・ミーティングに活用できる方法は、『会議の技法』〈吉田新一郎著、中公新書〉に多数紹介されています。大人を対象にした本ですが、クラス・ミーティングにも活用できます。よいものは、対象を問いません。

（参考・『クラス会議で子どもが変わる――アドラー心理学でポジティブ学級づくり』〈J・ネルセン他著、コスモスライブラリー〉、『最高の授業』〈前掲〉）

第4章

評価が変わると授業が変わる、学校が変わる！

▼テストやレポートの返し方を変える

テストやレポートは、評価の主流を占めています。そこで、クイズを出しますので考えてみてください。

11〜12歳の子どもたちを対象に、3通りの異なるテストの返し方を比べました。Aグループの子どもたちは、点数をつけずに、コメントだけを書いて返しました。Bグループは、コメントがなくて、点数だけを書いて返しました。最後のCグループは、コメントと点数の両方をつけて返しました。どの返し方が、一番子どもたちを伸ばすと思いますか？

さて、皆さんの答えはどれでしょうか？　これをいくつかの研修会でやりましたが、参加者の回答は日本全国ほとんど同じでした。BとCがほぼ半分ずつでした。Bはどちらかといえば実際に今、行われている方法で、Cはあるべき姿として位置づけたのではないかと思います。Aと答えた人は数えるほどでした。しかし、正解はAなのです。BとCの返し方に比べて、30パーセント伸びるという結果が出ています。ちなみに、BとCの差は、まったくないそうです。理由は、点数が書いてあると、コメントは目に入らないからです。それほど、点数は大きな影響力があるということです。それも「負」の。

（出典・*Enhancing and understanding intrinsic motivation: The effects of task-involving and ego-involving evaluation on interest and performance*, Butler, R., British Journal of Educational Psychology, 1988, (58), pp. 1-14をアレンジしています）

研究によれば、点数を示すことは誰にとってもよくないという結果が出ています。平均以下の子たちにとっては、「自分はダメだ」と思ってしまうのですから、いいはずがありません。平均ぐらいの生徒の多くは、「このぐらいやっていればいいさ。親にも文句は言われないし」と思うようです。なかなか、教師や保護者が期待しているように「今度こそ、がんばろう！」とは思ってくれないようなのです。そして、いい点を取った子たちにとっては「これからもいい点を取り続けないといけない」というプレッシャーになるだけのようです。

以上の結果を受け入れられる方は、早速Ａのやり方を導入してください。信じられないという方は、ぜひご自分で実験してみてください。これまでの習慣を疑いもなく続けることが必ずしもベストではなく、何がいいのかは常に子どもたちに聞きながらするのがベストの方法なのかもしれません（40ページの「アクション・リサーチ」を参照）。

その他のシンプルな方法としては、全員がいい結果を出すまでテストするというアプローチがあります（以下は、『あなたの子どもが学校生活で必ず成功する法——なぜ、この学校には落ちこぼれが一人もいないのか？』〈W・グラッサー著、アチーブメント出版〉に書かれている「全員がＡかＢを取るアプローチ」

を参考にしています）。
やり方は次の通りです。

①まず、テストは同じものを大量に用意しておきます。

②テストを受けた人は、すべての問題に完全に答えられるようになるまで、何度でも受けることができます。もちろん友だちや先生に教えてもらってかまいません。

③完全にできるようになった人は「先生」になり、まだ理解途中にある友だちのサポートをします。その際「先生」は、答えを教えるのではなく、「質問」するようにします。「なぜこの答えになったの？」「これはどうやって解いたの？」「どこがわからないの？」「どこまでわかっているの？」「じゃあ次はどうする？」

友だちが「わかった」と言ったら、今度は立場を入れ替えて、その人が「先生」役の人に教えてみます。これで説明できたら理解できていることになります。

④自信がついたら、またテストを受けます。

この方法は、全員が満点を取るまで繰り返してテストを受けることができます。129ページにあるように、人に教えるというのは優れた学び方の一つです。つまり両者が得をし、理解を深める方法でもあるのです。

子どもたちは次のような感想を述べています。

・一発勝負よりこの方法がいい。カンペキになるまでできるから！　先生がいっぱいいて、すごくいい勉強になる。そして、みんな一緒にゴールに行けるからいい。教えた方が一番覚えるから、得していいと思う。普通の授業より覚えられる

・テストは一つひとつ本番で、今まではテストで悪い点だったら「ばか」とか言われて終わったけど、これはわかるまでテストできるからいいと思った。教えるためにたくさんの言葉を使うので、ある意味で国語の勉強にもなった

他にもテストを有効に活用するシンプルな方法が、『テストだけでは測れない！』〈前掲〉の181〜186ページでたくさん紹介されていますので、参考にしてください。

▼評価は、教師のものと自己評価を併記する形で

10年ほど前にイギリスの高校を訪れたときに、「わが校の教育目標の一つは、卒業するまでに自己評価ができるようにすることです」と言われて、その明快さに驚いた記憶があります。高校は4年間ですが、毎学期、生徒と教師が対になる形で通知表に書き込み、両者の異なる点を話し合うことで、2〜3年でほとんど両者の評価が一致するようになるそうです。実際に、

【図6】のような学期末の通知表（各教科とも同じ様式）を見せてもらったので、これなら十分に実現可能だと納得しました。

導入当初は、生徒たちの評価の方が甘くなるだろうと予想していたらしいのですが、実際は多くの場合、生徒たちの評価の方が厳しいようです。ほとんどの生徒は、「自分はもっとできるはず」と思っているからだそうです。説明してくれた副校長は、「自己評価は、生徒たちが自分の学びに責任をもつためには不可欠です」と強調していました（「自己評価の大切さ」については、『テストだけでは測れない！』〈前掲〉の126〜137ページ、小学校レベルの自己評価を扱っている『増補版「考える力」はこうしてつける』〈前掲〉の第8章「自己評価」、そして『成績をハックする』〈前掲〉を参照してください）。

他人がどのような評価をしようが、結局一番大切なのは自分自身の評価です。日本で、そのことをどれだけ意識し、かつ実行している教師がいるかというと、はなはだ寂しい状況にあるとしか言いようがありません。

しかしながら、これを実行することはまったく難しいことではありません。ここに記したように併記するだけでできてしまうのですから。

他にも以下のような「自己評価」力を磨く、シンプルで効果的な方法があります。

・よりよい評価を獲得するために明快な基準を教師と生徒が一緒につくり出す——これまで

[図6] 理科の通知表（自己評価の例）

シャーンブルック高校10年生*のレポート（1997年度）理科

名前＿＿＿＿＿＿　学年＿＿＿＿＿＿　クラス＿＿＿＿＿＿

このコースは、義務教育課程以降で理科を学ぶ生徒にも、そうでない生徒にも、教育的に価値のある体験を提供することを目的にしている。エネルギー、電気、環境、遺伝、様々な化学物質などについて扱う。

コースの目的

		到達度				高
理科についての知識や理解を証明できる	先生				✓	
	生徒					✓
実験や調査を計画することができる	先生					✓
	生徒					✓
実験道具などを使いこなし、正確な結果を得、記録できる	先生				✓	
	生徒					✓
結果を分析し、結論を導き出すことができる	先生				✓	
	生徒				✓	
証拠の信頼性を評価でき、改善点を指摘できる	先生				✓	
	生徒				✓	

コースの過程で示された社会的／個人的資質

		到達度				高
ベストを尽くした	先生				✓	
	生徒				✓	
グループの中で作業ができる	先生				✓	
	生徒				✓	
1人で作業ができる	先生			✓		
	生徒			✓		
自分を律することができる	先生				✓	
	生徒			✓		
宿題	先生					✓
	生徒				✓	

可能性：今の状態だと、11年生の終了時点で次のような成績になることが予想される。

(G－F)	(E－D)	(C－A) GCSE*
	✓	

生徒の評価：私は今年、理科を楽しむことができていますが、とても難しく感じるところもありました。去年よりもいろいろ学べているので、この調子で最後までがんばります。

サイン　サラ

教師の評価：授業では熱心に取り組みましたし、宿題も質の高いものをいつも提出していました。とてもがんばりましたね、サラ。難しいところもしっかり質問できていたのでよかったと思います。

サイン　ディクソン

＊10年生は日本の高校1年生に相当。
＊GCSEは、「義務教育の終了」を意味する試験で、14歳からその試験に向けた2年間のカリキュラムに沿って勉強した上で、通常は16歳で受験する全国統一試験。

出典：『テストだけでは測れない！』前掲、129ページ

の評価には明快な評価基準がありませんでした。また絶対評価に移行して、教師が一人でがんばってつくってしまい、それを生徒たちに示していますが、より有効な方法は、基準から一緒につくることです。そうすれば、生徒たちも「自分たちのもの」として捉えることができます（評価基準表のつくり方については、97ページを参照ください）。

・**頻繁な「振り返り」の機会をもつ**――狭義の「振り返り」は、①自分自身や状況を評価することですが、広義の「振り返り」には、②過去ないし現在の考えや、予測される未来のこととも結びつけたり、③他の人に質問したり、自問したりすることも含まれます。こうした時間を確保することで、学んだことが自分のものになっていくのですが、日本では「振り返り」のパワーがまだ知られていないことや、カバーしないといけないことが多すぎるのか、振り返りのための時間がまだ十分に確保されていません。たくさんのことをカバーはしても、ほとんど身につかないよりは、カバーする量は多少減っても確実に身につく方が子どもたちにとっていいのではないでしょうか。

・**ジャーナルをつける**――「振り返り」の効果的な方法の一つとして、ジャーナルを書くというのがあります。これは、先生が黒板に書いたり、言ったことを記録するノートとは違い、生徒が自分の学びの過程や内容について「自分との対話」で考えたことや「自己評価」したこと（換言すれば、個人的な考え、気持ち、疑問、反応、直視したことなど）を記録するもののことです（29ページを参照）。

と思います。

学習の時間の導入とともに紹介されて、その中身や使い方を知っている先生も少なくない

をつけるのと並んでシンプルな方法が、この「ポートフォリオ」です。日本では総合的な

・ポートフォリオ——自己評価の手段として、振り返りの時間を確保することやジャーナル

ポートフォリオとは、もともと「書類や作品などを入れるファイル」のことです。そこから、「学習途中で生まれる成果物——レポート、メモ、新聞の切り抜き、写真、ビデオ、テストなど——を一元的にファイルしたもの」を指す教育用語になりました。

それは、生徒が学習過程ですること、考えたこと、見つけたこと、感じたことなど、ありとあらゆるものをしまっておけるものです。ポートフォリオを使った評価は、これらのものを使って、学習のプロセスを振り返りながら、その都度評価できる方法です。

ポートフォリオの価値は、総合的な学習の時間は当然のことですが、国語、算数、社会、理科などの既存の教科で使っても発揮されます。逆に言えば、それらの主要教科の教え方も生徒がつくり出すものを貯めておけるような教え方に転換していかないといけないことを示唆しています。テストだけに頼るような評価の仕方をいつまでもしていては、なかなか「自己評価」力は磨けませんし、したがって「いい学び」もつくり出せないことを意味します。

・相互評価——自己評価と並んで軽視され続けてきたのが、この相互評価です。言い方が悪

いかもしれませんが、教室に存在する人的資源で最も多いのは生徒たちです。教師はたった一人しかいませんから、その生徒たちを有効に使わない手はありません。

イギリスの高校の副校長が「自己評価は、生徒たちが自分の学びに責任をもつためには不可欠です」と言っていましたが、同じことは相互評価にも言えます。他人を評価するということには、責任が伴うからです。単に責任感が増すだけでなく、他人を評価することによって、自分を相対的にも見られるようになりますから、よりよい自己評価をも可能にします。教師も第三者の評価から学べますし、ときによっては負担の軽減になりますから、一石二鳥どころか、一石三鳥です。

・**フィードバック**——フィードバックは、さらによくするためのコメントやいい点の指摘、励まし、質問などの形で行われます。通常は教師からのフィードバックが重視されますが、より効果的なのは生徒相互のフィードバックの方ではないでしょうか。互いのフィードバックのほうが、より素直に、しかも説得力をもって受け入れられる場合が多いからです（その意味でも、相互評価は重要です）。

なお、フィードバックをいかに効果的に提供できるかは、相手の学びをどれだけつくり出せるかを左右しますから、教師にとっても、生徒たちにとっても、とても大切なことは言うまでもありません。そして、それは回り回って自分の学びをも左右します。

・**教師が自己評価をモデルで示す**——「振り返ることのできる教師は、経験したことをじっくり考え、とりうる行為の可能性を熟慮し、予想される出来事や結果と照らし合わせながら、自分のとりうる最善の方法を選択することができる」（『増補版「考える力」はこうしてつける』〈前掲〉の19ページを参照）わけですが、このような、教師の頭の中で１日に何十回と当たり前のようにしていることを、実際に声に出して子どもたちに伝えることなどで、モデルは示せます。

▼すべての生徒ができるための評価とサポート体制

日本では「アカウンタビリティー」を一般的に「説明責任」と訳しています。しかし、本当は「結果責任」のニュアンスの方が強い単語です。したがって、学校が保護者に対してアカウンタビリティーをもっているということは、単に学校の取り組みや、学校における子どもの様子を保護者に対して説明することではなく、子どもができるようにすることです。

そのために、アメリカのある高校では次のような取り組みをして、アメリカだけでなく、世界中から注目されるようになりました。わずか10年の間に飛躍的な学力向上を実現したからです。この取り組みの鍵となる質問は、次の三つです。

・すべての子どもに学んでほしいことは何か？

・学べたことはどうしてわかるのか？
・遅れがちな子どもにはどう対処するか？

これを読んでしまうと、「至極当然のこと」と思えるかもしれませんが、現実には、いったいどれだけ実践されているでしょうか？　これらを教師全員がどこまで自分のものとし、実行するかにかかっていますから、その意味では極めてシンプルと言わざるをえません。

最初の質問は、自分が教えることと子どもが学ぶことの間には大きなギャップがあることをどれだけ認識できるかを問うものです。２番目の質問は、その方法と頻度が鍵を握っています。単に、テストを頻繁に繰り返せばいいということではありません。そして、３番目の質問は、たとえ教師の教え方がどれだけ改善しようと、必ず付きまとう問題です。生徒の出来の問題というよりも、スタートラインの違いや学ぶスピードに差がある問題です。これにどれだけ適切に対応できるかが、その学校の良し悪しを測る基準と言っても過言ではないかもしれません。

通常どの学校でも起きていることですが、各教師がベストを尽くして教えても、結果的にできる子からできない子まで大きな差が出ます。教師としては、できない子たちに手を差し伸べたいのですが、カバーしなければいけないことはたくさんあります。ある意味では、教師は一番できる子と一番できない子の間の妥協点を見出して進めざるをえない状況に置かれています（たとえ習熟度別のクラス編成であるにしてもです）。その意味では、教師の教え方やスピードと、生徒の学び方やスピードがうまくマッチングしているのは、いいところ3〜4割ぐらいなのかもしれません。熱心な先生は、学ぶスピードの遅い子を、朝や放課後に補習の形でサポートしているかもしれませんが、ほとんどの場合、学ぶスピードの速い子たちに関しては塾任せではないでしょうか。しかし、圧倒的多数の先生は、学ぶスピードの遅い子には対応せず（雑用が多くて、時間をつくれないという面もあるので）、「教えたのに学んでいないのは、生徒たちのせい」にして、そのまま進んでしまいます。このあたりに学力低下問題の一つの原因があります。

アカウンタビリティーを本来の意味で捉えると、できないまま学年を上げていくという選択は選択肢の中に含まれていません。それが、誰にとって不幸なことかと言えば、本人と保護者にとって不幸なわけですから。単に、成績が悪いことだけを報告されたところで、本人と保護者にとっては、何もありがたいことはありません。

落ちこぼれがなく、すべての生徒ができるようになるためには、個々の教師の努力だけでは限界があります。学校がシステムとして機能しないと実現できません。その際、大切なことは、タイミングと強制です。タイミングは、遅れ気味の生徒をいち早く把握し、授業が終わった後に繰り返し教えるのではなく、進行中の段階でサポートするということです。強制は、生徒の選択に委ねるのではなく、教師の側ができるようになったと判断するまでは強制的に参加させるということです。このことを実現するために、このアメリカの高校は次のことを行いました。

①3週間に一度、全生徒は成績表をもらいます。生徒が問題を抱えていたり、授業についていけない教科があるものについては、4週目に担当教師、カウンセラー、指導教官などが生徒と対応策を話し合い、すぐにアクションに移します。その状況は、保護者にも報告されます。サポートの必要な生徒に対しては、空き時間や昼休みなどに、上級学年の生徒や担当教師によって個別指導が行われます。

②6週間後に改善が見られない生徒は、個別指導の時間を倍増します。カウンセラーは週ごとにチェックをします。

③空き時間などに行われるあくまでサポート的な意味合いの個別指導が、次の6週間の間に効果を上げない場合は、通常クラスに通いながら、10人以下の特別クラスにも席を置いて、手厚いサポートを受けることになります。特別クラスの教師は通常クラスの教師たちと密接にコンタクトを取り、宿題などをしっかりできるようにサポートします。一方、この時点では保護者も学校に呼ばれ、生徒、保護者、カウンセラー、担当教師の四者で話し合いがもたれ、生徒ができるようになるために、各自がすべきことを明確にした上で、契約書にサインします。

このようなサポートを学校ぐるみで（保護者とも協力しながら）生徒たちに提供することで、遅れる子が激減し、学校全体の成績が急上昇していきました。

▼通知表に代わる「生徒が主役の三者面談」

ここで紹介する評価方法は、172ページで紹介する中学・高校レベルの卒業段階で行う評価の小学校版と位置づけられるかもしれません（ちなみに、欧米ではこれを中学や高校でもしているところがあります）。

日本では、毎学期出している通知表を、子どもに手渡すのではなく、保護者が学校に取りに行かないと渡さないところもあるそうです。それをすでにしている場合、ここで紹介する「生徒が主役の三者面談」に切り換えるのは、それほど難しくありません。

生徒主導の三者面談の特徴は、生徒がその学期中に学んだことを自分の口で保護者に説明することです。保護者にとっては、通知表に書かれたものだけで理解するのではなく（たとえ教師が努力して書いたものでも、B4サイズの用紙1枚ぐらいに書かれたもので子どもが学んだこと、およびそれに対する子どもの取り組み状況を理解することは至難の業です）、本人から聞けて、必要に応じて教師から説明もしてもらえます。こうしたやり取りの過程で、教師は面談の参加者というよりは、プロデューサーないし監督の役割を果たします。生徒ができることに教師が口出しをする必要はありませんから。

しかし、これがうまくいくためには、ある程度の準備が必要です（といっても、それ自体が大切な学びの過程なわけですが)。

①まずは、生徒たちが自分自身のことを大切な存在と思え、考えていることをしっかり話せなければならないので、クラスの雰囲気づくりやセルフ・エスティーム(注1)を高める活動は基盤としてしっかり行われていなければなりません。同時に、保護者に対しても、学級通信などの形でこの新しい試みを徐々に紹介していくことを忘れてはなりません。

②次は、34ページと156ページで紹介したポートフォリオをつくることです。なお、何でも貯め込んでおくポートフォリオと、面談用に選りすぐったポートフォリオの2種類があります(注2)。また早めの段階で、97ページで紹介したようなルーブリック(評価基準表)をつくっておくこともお忘れなく。それがないと、自分で評価する際に戸惑ってしまう生徒たちがたくさん出てしまうからです。ルーブリックがあると、期待もはっきりするので、がんばろうという気にもなれます。また、保護者たちもそれがあると、どういう基準で評価がなされているのか理解できます。

③三者面談が近くなった段階では、教師と生徒の二者面談を行い、見落とした点などはないか確認します。また、生徒たちは保護者への招待状を書きます(担任の教師からもらう招待状よりも、自分の子どもからもらった招待状の方が、保護者が反応しやすいからです)。教師からは、当日の詳しい手順について説明したものを招待状に添えた方が、当日の混乱を最小限に抑え

ることができるでしょう。

④そして、2〜3日前までには、担任以外の人を自分の保護者に見立てた面談の予行演習をします。これには、ボランティアの人たちや上級学年の生徒たちが適当かもしれません。

三者面談の当日は、従来のように、各家族1組ずつ行う必要はありません。すでに教師と生徒のすり合わせは終わっているので、少なくとも5〜6組は同時並行でできるのがこの面談の特長です。教師は、それぞれの生徒が自分の学びをポートフォリオを使ってうまく説明できているかどうか確認しながら、少し離れたところから温かく見守っているようにします。

なお、生徒の説明だけでは満足しなかった保護者に対しては、できるだけその場で対応し、また当日参加できない保護者に対しては、代わりの方法を事前に考えておく必要があります。主役が保護者ではなく生徒ですから、できるだけ代わりの人が手配できるように努力します。

また、通知表をこのときに一緒に渡してしまうと、効果は倍増します。教師と生徒の二者面談の前までに両者が通知表をつけ、それをすり合わせることも二者面談の柱にするのです（152ページを参照）。そうなると、三者面談の席では、それも一緒に保護者に見せられ、それを踏まえた今後の学習計画に保護者の納得と協力も得られることになります。

保護者と生徒の両者から、この「生徒が主役の三者面談」をよりよくするためのフィードバックをもらうことを忘れないでください。もちろん、教師自身でも、何がよくて、何が改善できるのかをしっかり振り返るようにします。

なお、面談用のポートフォリオに含めたいものとしては、次のようなものが考えられます。目次、生徒の（学びの）履歴書、各教科二つずつの学習成果物、ジャーナルから1～2ページをコピーしたもの、ポートフォリオの振り返りシート、通知表、担任の総括、今後の学習計画、模擬面談をした人の振り返りシート、保護者の振り返りシート（終わった時点で、その場で書いてもらう）などです。

注1　たとえば、『人間関係を豊かにする授業実践プラン50』〈小学館〉にたくさんの活動案が紹介されています。

注2　精選されず収集段階にあるものを「ワーキング・ポートフォリオ」「元ポートフォリオ」あるいは「学習ファイル」などと呼び、記録や引き継ぎや卒業（AO／推薦入試）のためなど他人に見せることを意識して精選されたものを「パーマネント・ポートフォリオ」「凝縮ポートフォリオ」などと呼んでいます。

▼逆さまデザイン――授業の展開の前に、評価の方法や基準を考える

多くの人が、「評価は大切だ」と言います。確かに、よりよくするために評価（特に、形成的評価）は不可欠です。

しかし、評価が実際にどのように行われているのかを見ると、本気で「評価は大切」と言っているのか疑いたくなってしまいます。それほど、わが国における評価はお粗末です。

従来は、①目標、ねらいがあって、②それを達成するための展開を考え、そして③実際に教

えた後で、④テストを考案し、実施するという流れでした。これに対して、本項で紹介する「逆さまデザイン」は、

①目標、ねらいを明確にする（日本の場合は、カバーする教科書が存在するので、目標を明確にすることを怠ってきた傾向があります）
②設定した目標がどのくらい達成されたかを測るための評価の方法や基準を考える（このことを考え始めると、決して単元の終わりや、学期の終わりにテストをすればいいというものではないことが明らかになるので、継続的な評価の必要性にも気づきます）
③目標と評価を満たすための展開・流れを考える
④実際に教える際には、かなりの部分で評価や振り返りを並行して実施することになる

という流れになっています。評価を目標の次にというか、目標と一緒に考えるところに大きな特徴があるので、従来の評価の捉え方とは「逆さま」ということで、この名がついています（「逆向き設計」とも言われています）。

例として紹介するのは、高校の地理の教師のS先生が行った「海外旅行の変化と観光地の保護」の単元をアレンジしたものです。教科書には、以下のように書かれています。

旅行のテーマを決め、それを実現するような旅行計画を含んだパンフレットをつくってみましょう。テーマには、たとえば「アメリカの音楽を聴くツアー」「ヨーロッパのスポーツを観戦するツアー」「アジアの料理を堪能するツアー」など、いろいろなものが考えられます。自分の趣味や興味を題材にしてみてください。

さらに教科書には、手順（①イラストマップをつくってみよう、②旅行計画を立てよう、③パンフレットを仕上げよう）と、ニュージーランドのイラストマップと旅程表の例までが資料として掲載されてもいるという、至れり尽くせりぶりです。これだけ提供されていれば、先生たちは何も考えずに、ただやらせるだけになってしまうはずです。

S先生は、生徒がより切実に課題に向き合えるようにと、ちょっとした工夫をしました。「行きたい国・地域や場所」を各自に選ばせて「一人で海外旅行に行けるような計画を立てる」ということをまず念頭に置かせて、実現可能な計画を立てるように指示したということです。そして、あとの進め方も、教科書に書いてある手順はあえて無視して、生徒の裁量に任せたそうです。手順は生徒に任せる方が、生徒それぞれがやりやすいように調べられるし、「旅に必要な情報」（③パンフレットを仕上げよう、の部分）を集めるときも、より自分に必要な情報を得なければならず、情報を収集する訓練にもなると考えたからだそうです。

もう一つ工夫した点が、評価です。評価の仕方については、作業に取り組む前の段階で、生徒にも伝えたそうです。S先生は、次のように説明しています。

・このところの文部科学省の「指導と評価の一体化」という御触書にもあるように、最近では、普通の授業でも、まず評価の基準（規準）を決めるべき、というのが次第に主流になりつつありますが、それでも、ごまかして、あとでただテストをやればすむわけです。でも、こういう作業課題の場合は、その課題作品そのものを評価しなければならないので、事前に何を評価するかが決まっていないと、課題をやらせる側にとっても、しっかりしたことがさせられません。特に事前にそれを生徒に伝えないと、生徒たちも作成のポイントがわかりません。

・それに、この課題を行うことで、どのような力が自分に身につく、とか、どんな能力を養う訓練になる、ということを知らせた方が、ただ課題に取り組むよりも、この学習に「意味がある」と感じられ、それが課題に取り組むモチベーションにつながると思ったからです。学習内容や方法が、自分にとってどんなふうに学ぶ意味があるのかを学習者が知ることは、とても大切なことです。

評価は、自己評価と相互評価と教師の評価の3点で構成されています（169ページの【表11】を参照）。実際の評価の仕方については、「相手のよい点をたくさん指摘する」ことを含めた「大

[表11] 地理A課題「自分が行きたい外国の観光旅行パンフレットをつくる」

地理A課題「自分が行きたい外国の観光旅行パンフレットをつくる」
（後期中間考査の30点分とする）

＜評価について＞
1 自分で自分の作品を振り返り、評価する〔自己評価〕 5点
① 作品の出来映えについて
（自己評価票に記入。評価の観点は以下の通り）
② 取り組む姿勢
・毎時集中してできましたか
そう思う　まあまあそう思う　あまりそう思わない　まったくそう思わない
・期限までに提出しましたか　はい　いいえ
③ 感想

2 お互いの作品を評価し合う〔相互評価〕 20点
（発表するなら、それを20点のうち5点分とする）
（1）他の人がつくった作品を1つひとつ回し読みし、その都度、評価票に評価する。
・それぞれの作品のアピールポイントを読む
・評価票は他人の影響を受けないように、個別にする
・いい点を見つけてたくさん指摘する
・改善を要する点は「大切な友だち」で行う⇒質問の形にする
（2）評価が終わったら、パソコンへの点数入力は、生徒が読み上げて、教師が入力する。自由記述のコメントは記名の上、すべて集めて本人に手渡す。すべての人の評価が終わったら、最後にその中から3点、とくに優れていると思う作品を選んで投票する（コンテスト）。その投票で選ばれた最優秀作品（1点）優秀作品（2点）の生徒には賞品を渡す。
（賞品：　　　　）

3 教師の評価　5点
・提出されたメモの分量で調べた「量」をはかり、加点する

評価の観点
①発想・アイディアのよさ・センス
②旅行計画がどれくらい具体的で実現可能性が高いか
③旅行するのに必要、あるいはあった方がよい・おもしろい各国情報をどれぐらい集めたか
④パンフレット全体の充実度・まとめ方のセンス

切な友だち」を取り入れたり、コンテストの方法も取り入れています。

このような授業を行う際の教師の役割は、一人ひとりの間を回って、質問を受けたり、相談にのったり、資料の読み取りの手伝いをしたり、調べ方のコツ、工夫などを伝えたりということになります。

ちなみに、逆さまデザインが行われていなかったのは、学校の中だけでなく、企業や自治体や社会教育などでも同じでした。その結果、あいかわらず同じようなことが繰り返し行われています。

たとえば、社会教育では、「リーダー養成」と銘打って、あるいは、輪を広げることを意図して、毎年たくさんの事業が展開されていますが、なかなかリーダーは育たないし、輪も広がりません。基本的には、従来の授業を考えるのと同じアプローチが、社会教育講座を企画するときにも使われています。

①建前的なねらいが設定される
②それを達成するための何本かの柱が考え出され、プログラムが考案されて、それぞれのコマを担当してもらう講師探しをする
③スケジュール通り、つつがなく講座は展開する
④受講者に満足度を中心としたアンケートが取られて終了する

という流れです。

しかし、本気で「リーダーの養成」や「輪を広げること」を目的とするのであれば、プログラムづくりや講師探しに入る前に、評価の仕方や方法を考える必要があります。

たとえばこの場合は、（1）参加者の8割が講座終了後に、自主的なグループをつくって活動する、（2）講座終了3年後も、参加者の半分が活動を続けている、という実際に測ることのできる数字を設定してみるのです。それが、目標が達成されたかどうかの指標です（受講して満足しているかどうかを5段階で測ったところで、参加者のほとんどが半年後には活動をしていないのであれば、プログラムに問題があったことを意味するわけです）。目標を立てるには、191ページのSMART（スマート）の条件を参照ください。

このような測ることのできる指標を設定すると、自ずと②で考えるプログラムも違ったものになるはずです。「講座の終了時が、参加者の活動の始まり」にするのに、従来から行われているような講座をしていては、到底そうはなりません。一方的に講師が参加者に情報を伝達するような講座のあり方ではなく、参加者こそが主役という柔軟な講座のあり方が最初から求められています。教員研修についても同じことが言えてしまいます。

生徒たちがよく学べるときと、まさに同じような学びの体験をしなければいけないわけです。逆さまデザイン／逆向き設計の詳細は、『理解をもたらすカリキュラム設計──「逆向き設計」の理論と方法』〈W・マクタイ他著、日本標準〉を参考にしてください。

いったい「卒業する」ってどういうこと？

そもそも「学校や大学を卒業する」ということは、どういうことなのでしょうか？　ある一定の成績を取ったことでしょうか？　必要な単位を取得したことでしょうか？　ある一定の時間おとなしく席に座っていたことでしょうか？　それとも、すでに受け入れてくれる上級の学校や大学や会社が決まっていることでしょうか？　いずれにしても、個々の生徒の学びの質や量とはあまり関係ないような気がします。

現状は、卒業が評価の最大のチャンスであるにもかかわらず、その絶好の機会をうまく活かせていないようです。

欧米では最近、「エキシビション（Exhibition）」「プレゼンテーション」「シニア・プロジェクト」などという名称の卒業プロジェクトをすることによって、わかっていることやできるようになったことを証明する形で、自分が卒業に値するのかどうかを見極める方法が普及しています。

これには、最終学年1年間をかけて（とはいっても、それだけをしていればいいというのではなく、他の教科も同時に取っています）、まずは自分が興味のあることを挙げ、その中から担当の先生と相談しながら一つの鍵となる質問を設定し、その質問に答えるために多様な方法で調べあげ、自分が知ったことやできるようになったことを様々な形で発表し、卒業に値する人間であることをみんなに認めてもらう方法です。１０１ページのテーマ学習を、卒業論文として1年かけて行うようなものです。あるいは、『増補版「考える力」はこうしてつける』〈前掲〉や『ようこそ、一人ひとりをいかす教室へ』〈前掲〉の生徒と教師が取り交わす「契約」という方法です。

たまたま私（吉田）の娘もアメリカの高校をこの方式で卒業しました。彼女が設定した質問は、「アロマセラピーは、科学的に効果が証明できるか？」でした。彼女も含めてほとんどの生徒は、自分が納得する質問に行き着くまでに結構な時間がかかります（それは、卒論のテーマにしても、修士論文や博士論文も同じですから、そう簡単に決まるはずがありません。このための一つの効果的な方法として『たった一つを変えるだけ』〈前掲〉で紹介されている「質問づくり」があります。）。しかし、一度決まってしまうと、あとは実際に体験しに行ったり、インタビューしたり、写真を撮らせてもらったり、手当たり次第に関連の本を読んだり、インターネットを検索したりして、情報収集を行います。それをどのようにまとめるかは、先生や他のテーマで調べている友だちのアドバイスももらいながら、自分のテーマに合ったまとめ方を模索します。

娘の場合は、①論文の提出と、②ホームページの作成（論文を編集して作成）に加えて、③教師や生徒たちを対象にしたプレゼンテーション、④主に下級生を対象にした校内の廊下でのパネル・プレゼンテーション、そして⑤近くの小学校で小学生を対象にしたプレゼンテーションという三つのプレゼンテーションが義務づけられていました。

②のためには、もちろんホームページのつくり方をマスターしなければなりませんし、しっかりした文章が書けるようにならなければなりません。ある意味では、大学レベルの卒論や仕事で不可欠なレポートをまとめる練習に十分なったようです。

①や②でまとめた内容を、教師や同級生を相手に約30分で発表しなければならないのが、③のプレゼンテーションです。基本的には、この①と③が主な評価の対象と言ってもいいかもしれません。30分の時間の使い方は、個々人に任されているわけですが、ポイントは自分がわかったり、できるようになったことを、いかに説得力をもってみんなに理解させるかということです（この点については、ちょうど私が『最高のプレゼンテーション』〈ＰＨＰ研究所〉という必ず成功するプレゼンテーションのコツに関する本を訳していたので、そのコツを紹介したこともあって、英語のハンディーを克服して娘はベスト・プレゼンテーションの賞をもらったそうです。ちなみに、成功のコツは、ポイントを多くても五つに絞ることと、聴衆を巻き込むことです）。プレゼンテーションの後には、質疑応答の時間も確保されています。

④と⑤は、どちらかといえば付け足し的な部分とも言えなくありませんが、自分が調べたことを広くコミュニティーに知らせよう、役立てよう、という趣旨と、あまり関心がもてないような人に対して、どのような形で自分の発見や感激を伝えるのが効果的なのかを考える意図があるようです。プレゼンテーションの仕方は、③の場合とはだいぶ異なることは言うまでもありません。④の場合は、廊下を歩いている人に立ち止まってもらうこと自体が大きな課題です

から。娘の場合は、⑤については残念ながら小学校側の都合が悪くなり、せっかく用意をしていたにもかかわらず、その機会を逸してしまったようです。

娘にとって、この一連の体験は、高校生活の中で最もためになったし、自信にもなったようです。

ちなみに、このような評価の仕方を「パフォーマンス評価」ないし「本物の評価」と言います。従来のテストのように、ある時点でどれだけ覚えているか（いいところ「理解しているか」）が問われるような評価のされ方ではなく（受験生たちのほとんどは、受験勉強が本当の勉強ではないことに気づいています）、判断したり、分析したり、応用したり、まとめたりすることを実際の作業を通じてやらなければなりませんから、その過程全体が学びであり、評価になっているという方法です（詳しくは『テストだけでは測れない！』〈前掲〉をご参照ください）。

▼生徒にも教師にも学びのある授業評価

しばらく前は、評価ブームのまっただ中にありました。何でも評価さえすればいいと思っている節がありましたから。ブームにしていたのは、教育現場の先生たちではなく、学校をよくするために何かしないといけないと思っている政治家や教育行政に携わる人たちでした。「不易と流行」という言葉をよく使う現場の人たちは、この評価ブームもじき廃れ、消えてなくならないにしても、形骸化すると思っています。その間、しばしのお付き合い、といったところでしょうか？

それにしても、教育行政はやり方が下手です。それほど根拠があるわけでもないのに、自分たちがいいと思ったものを現場に押しつけ続けています。現場側からすれば、自分たちにとって意味があると思えないものに真剣になって取り組むことなど、なかなかできるものではありません。結果的に授業評価はいつの間にか忘れ去られ、人事考課は習慣の一つにはなっても、それが教師の資質ややる気の向上につながっているという話は聞きません。

「授業をよくしないといけない、改善し続けた方がいい」というレベルの合意さえ得られたら、その後のやり方は現場サイドに任せてはどうでしょうか？

変にアンケート方式の授業評価を普及させてしまい、1回目はものめずらしさもあって、教師も生徒も取り組むかもしれませんが、それが授業の改善に役立たないことを教師も生徒も悟ってしまうと、あとは儀式になってしまい、貴重な時間と紙の無駄遣いが続くだけになってしまいます。

もちろん、主体的に動かない学校側の責任もありますが、それは授業の中の教師と生徒の関係に似ています。いくら教師ががんばって教えたところで、学ぶのは生徒であって、生徒が学ぶ気にならない限り授業は成立しません（もちろん、教師サイドは一生懸命教えたことで、自分の役割を果たした気にはなれますが、それと授業が真の意味で成立したかどうかは、まったく別問題です。生徒の側からすれば、単に「おもしろくない、何の役に立つのかわからない授業をまた聞かされた」だけかもしれません)。授業評価に関しては、授業の際に教師が果たしている役割を教育行政側がしっかり果たして、うまく学校側を乗せられない限りは、授業改善につながる授業評価など成立するはずがありません。

ワークショップによる算数と理科を紹介している本を読んでいたら、生徒たちがよく学べる要素は、①実際に活動すること、②選択、③振り返り、④問題解決と問いかけ、の4点に集約されると書いてありました。授業評価を通じた授業改善を意味のある形で行うにも、この四つの要素から考えてみるとわかりやすいと思いました。

これらを意識すると、現在使われている多肢選択制の授業評価のためのアンケート用紙は、①意味のある活動と言えるのか? ②選択を意識できる形で提示されているか? ③評価の過程で十分な振り返りが行われているか? ④評価の過程およびそれを踏まえて問題解決や問いかけが生じているか? が大きな問題になります。

4段階程度の選択式のアンケートは便利で、数値化できるメリットはあるかもしれませんが、それから読み取れるものはさほど多くはありません。それに引き換え、次に紹介するような自由回答式は生徒たちの生の言葉を聞くことができるという大きなメリットがあります。案1およびその教師版・案2は、実際に岩手県宮古市立重茂中学校で実施されていたものです(二〇〇七年時点)。

案1　対生徒／各教科で書く

①今学期、自分が「伸びた」「がんばった」と思うことを書いてください
②今学期、自分が「不十分だった」「次の学期はもっとがんばりたい」ということを書いてください
③授業において「こうすればもっと自分の力になる」という提案があったら書いてください

案1は、生徒自身が自分で学んだことを振り返ることが中心で、3番目の質問で授業改善への提案や要望が出てくるようになっています。基本的に、「学ぶのは自分」という意識をもってもらうのがねらいになっています。それに対して、通常のアンケート調査は、生徒を受身の立場に置いたままで、生徒ががんばっているかどうかを教師が評価する内容になっています。ちなみに、基本的にはまったく同じ内容の教師版の質問、案2も次のように、用意されています。教師が自らを振り返ることも重要です。

案2　対教師／自分の学年・教科で書く

①今学期、教科指導において自分が「工夫した」「がんばった」「手応えがあった」と思うことを書いてください
②今学期、教科指導において自分が「不十分だった」「次の学期は改善したい」ということ

を書いてください

③生徒に対して、「こうすればもっと彼・彼女は伸びると思う」という提案があったら書いてください

また次のような案も考えられます。

案3　○×△？

生徒たちに○（授業のよかった点）、×（悪かった点・改善を要する点）、△（提案・要望）、？（疑問・質問）を書いてもらいます。

この場合も案1と同じように、教師も自分の実践を振り返って書けるだけ書き出してみることは、とても重要なことです。

この方法は、25ページですでに紹介している「大切な友だち」のバリエーションとも位置づけられます。「大切な友だち」は、評価や改善にまつわることには何でも使える方法と言っていいかもしれません。こういう思考法ができること自体、すべての人、そしてお互いの関係に好影響を及ぼします。

いずれの案も、極めてシンプルですが、極めてパワフルです。生徒たちの生の声は数値化して表すこと以上の重みがあります。これで、授業が、そして学校が変わり始めたところがあります。ぜひ、試してみてください。

卓越した評価の方法は、それ自体に学びがありますし、それを共有し合うことでさらに学びが膨らみます（ちなみに、従来のアンケート調査やテストを共有することで、どれだけの学びが生まれるでしょうか？）。

他にも、インタビューや、次年度の生徒たちへのメッセージを送る方法など、極めて効果的に、しかも比較的短時間でできる授業評価の多様な方法を『効果10倍の〈教える〉技術』〈吉田新一郎著、PHP新書〉の215～221ページで紹介していますので参照してください。

（参考・*Reworking the Workshop: Math and Science Reform in the Primary Grades*, Daniel Heuser, Heinemann）

▼評価する側にも、される側にも学びのある教員評価

指導力不足教員への対応を発端に、文部科学省が教員評価システムを構築し、実施するように各都道府県教育委員会に指示を出したこともあって、全国的に教員評価を実施するところが増えています。その文部科学省の指示に先立って導入された東京都の「能力開発型人事考課制度」も含めて、教員評価がうまく機能しているかというと、評判は極めて悪いです。「学校をよりギスギスした環境にしてしまっている」「ペーパーワークが増えただけ」という声が少な

くありません（現行の制度の利点をあえて挙げると、これまで管理職と直接話す機会のなかった教師に、その機会を提供していることぐらいだそうです）。

ここでは、なぜそれがうまく機能しないのか、という詳しい分析は省き、表題にもあるように「評価する側にも、される側にも学びのある教員評価」を紹介します。それは、現在行われている双方にとって〝迷惑な〟評価ではなく、「する側にも、される側にもありがたい」評価であり、何よりも「生徒たちが一番恩恵を受ける」評価です。

ポイントは極めて単純です。現在の個人を対象にした評価を、チームを対象にした評価に置き換えるだけです。それだけで、両者にとって無駄な仕事のかなりの量が減らせるだけでなく、教師間の学び合いを可能にします。

現行の制度を簡単に説明しておきますと、一般的には、①各教員に年間のプランを提出させて、それに基づいて年度当初に面接を行う、②実際にプランが実施されているか、年に3回程度の授業観察や中途面接を行ってチェックする、③各教員本人の自己評価も踏まえながら、年度末に面接がもたれる、④評価者である管理職が最終評価をし、教育委員会へ提出する、という流れになっています。

今の制度で、管理職が各教員の能力向上につながるような適切なアドバイスなどをすることはほとんど期待できません。管理職に能力がない、というのではありません。それを可能にするための準備やトレーニングが提供されていないだけです。たとえ提供されたとしても、一人ひとりの教師の力量を伸ばすことが目的なのであれば、管理職ががんばる必要はなく、教員相互でやってもらう方がはるかに効果的です。

以下は、長年規定通りに、一人ひとりの教員とていねいに面接をし、授業参観の記録もていねいに取り、それに基づいた事後の話し合いもすることで自分の役割を果たしていると思い込んでいた校長が、「こんなことを、何十年やったところで、教師たちの授業が改善するはずがない！」と、自分がしていたことの無駄に気づいて提案している代替案ですから、とても説得力があると思います。

①共通の学年や教科を教える教師のチームを編成する

大切なのは、授業案ではなくて、カリキュラム（年間指導計画）案や単元案です。1000分の3の授業を見て、その感想や改善点を言っても授業の改善につながることはほとんどありませんが、実際に授業が行われる前の段階で、授業が修正されてしまえば、それに越したことはありません。それも各自がバラバラに単元案をつくるのではなく、チームで作成することによってお互いが学べます。なお、単元案をつくるときには165ページで紹介した「逆さまデザイン」をお忘れなく。その学期中に実施する単元案を管理職と検討し合う（主には、確認の質問がなされる程度ですが）段階で、さらにいい単元案になる可能性があります。管理職も、単元案がしっかり頭に入っていれば、たとえ短い授業観察でも、フィードバックをより適切にできる可能性は高くなります。

②単元での中間検討会

「逆さまデザイン」では効果的な評価の仕方がしっかり踏まえられていますから、それを使って、単元の目標としていたことのどのくらいが達成できているのか、達成できていないのはどうしてか、どうやって補ったらいいのか、遅れ気味の生徒へはどう対処するかといったことをチームで話し合います。この検討会には管理職も参加していることが望ましいのですが、教師たちには主体的に取り組んでもらうために、司会進行も含めてできるだけ任せた方がいいでしょう。管理職は、あくまでも一参加者として話し合いに加わり、アイディアがあれば提供します。

③単元終了時ないし学期末の報告

多くの学校がたくさんの資料をつくり出すにもかかわらず、それらを有効に活用できずに無駄にしてしまっています。レポートには、前項の四つの質問の回答に「管理職に期待すること」を加えて、A4サイズの紙1~2枚程度で提出します。大切なのは、形式ではなく、よくするためにどんな努力がなされたのかです。

④最終評価は、①～③に授業観察を踏まえて管理職が行う

①～③がしっかり行われていれば、短い授業観察を数回行えば十分に書けてしまいます。もちろん、本当に指導力不足が懸念される教師や、この代替案ではなく従来の教員評価を望む教師に対しては、そちらの方法を使う方がいいでしょう。

この方法なら、評価をする側も、される側も学べると思いませんか？　また、従来の研究授業＋研究協議よりも、はるかに学べるし、かつ生徒たちに還元されるものも多いと思いませんか？

（参考・*It's Time to Rethink Teacher Supervision and Evaluation*, Kim Marshall, Phi Delta Kappaan, pp, 727-735.）

第5章

保護者が変える、保護者と変える

▼保護者も生徒も参加してつくる学校の教育目標

日本では学校の教育目標は、校長が一人でつくるものと思われていますが、目標というのはみんなでつくってこそ意味があります。それは学校の規則も同じです。自分がつくっていれば積極的に守りますし、規則を破った者には守るように言ったりすることもあるでしょうが、与えられた規則では、なかなか守ることもままなりません。常に他人のものという意識が付きまとうのだと思います。

同じことは、学校の教育目標にも言えます。教師たちですらその作成過程に関わりませんから、「教育目標」と言われても、生徒たちも保護者たちも、もしかしたら教師もまったくピンとこないのが正直なところではないでしょうか。したがって、全国のほとんどの学校で、「お題目」であり続けています。しかし、それは極めて悲しいことです。

もう一つ、日本においては、「目標」と、「目的」ないし「願い」を混同している向きがあります。「目標」は、ある一定期間（たとえば、年度や学期）中に達成するもののことですが、「目的」や「願い」にすり替わってしまっているので、何十年たっても、達成したのか、しないのかわからないようなものを「目標」として掲げてしまっています。それも、「お題目」になってしまう理由です。

整理しますと、「目的」ないし「願い」は、「自分たちが存在する意義」と言えると思います。英語ではミッションが相当するかと思われます。それと、年度ごとや学期ごとの「目標」を混同してはまずいわけです。「目的」と「目標」の間に、ビジョン（鮮明に、自分たちはこうありたいという姿、一般的には3～5年で実現できる未来像）があります。

この明快なビジョンがあることの効用には、①人々をやる気にさせ、エネルギーを与える、②様々な活動の意味を明確にする、③優先順位を明確にする、④前向きにする、⑤方向性を与える、⑥（評価）基準を与える、などがあります。逆に言えば、これらを提供してくれないビジョンは、ビジョンたりえないということになります。

以上の前提をもとに、まず何よりも校長がこれまでのものとは違ったビジョン（と、それを段階的に表した目標）の必要性を認識する必要があります。それなしには、何も始まりません。また、すでに書いたように、結果として与えられたものよりも、つくる過程の方がはるかに重要であることも理解し、間違っても自分一人でつくってしまわないと決断することも大切です（学級目標にも、もちろん同じことが言えます）。

次のステップで大切なのは、ビジョンを設定する（というよりも、それについて話し合う）ために必要なことで、①学校の実態についての良い面と悪い面を隠さずに把握すること、②ビジョンを描き出すのに「参考になる様々な情報」を収集をすること、③実態と参考になる情報をビジョン作成に関わる「全員」と共有することです。若干補足しておきますと、「参考になる様々な情報」のほとんどは現段階では英語の情報になっています。こと教育というか学校に関する情報は、英語で入手できるものを100としたら、日本語で入手できるものは2か3程度です。その意味でも、校長一人の手に負えるようなシロモノではないということです。また「全員」には、教職員は当然のこと、保護者、生徒、地域住民、教育委員会の職員などが含まれます。ビジョンづくりの会議は、参加者が一連の質問の答えを一緒に考える形で展開します。

①もし私たちが今していることをし続けるとしたら、5年後にはどうなっているだろうか？
——今のまま続けるのか、それとも変えるのかの選択の質問

②私たちが存在している真の理由とは、いったい何なのだろうか？——学校の存在意義の共通理解を図る質問

③私たちの学校の5年後を見据えたときに、あらゆる可能性の中で、どれが最もあなたをやる気にさせるだろうか？　あなたが本当に望んでいる学校はどんな学校か？——4〜6人のグループに分かれて、模造紙1枚に可能性をリストアップしてもらう。その後、各グループで発表し、自分たちのビジョンこそが最も優れていることをアピールしてもらう

④もし出された可能性のすべてが実現したら、学校はどのようになるだろうか？——学校の存在意義と学校の主な対象に関する記述を含めた100字以内の文章にまとめてもらう、ビジョンを一つにするための質問

⑤自分たちがもっているものをすべて注ぎ込み、改善すべき点をすべて改善したとしたら、ビジョンは実現できるだろうか？　できるとしたら、それはいつだろうか？――参加者のコミットメントと信念を試す質問。万が一、参加者たちがビジョンを実現できるとは思っていない場合には、「ビジョンがやる気を出させ、かつ実現可能なものにするためには、あなたは何をどのように変えたいのか？」という質問をする

これで、100字以内で簡潔にまとまった、極めてアピール度の高いビジョンができあがります（『エンパワーメントの鍵――「組織活力」の秘密に迫る24時間ストーリー』〈C・N・パワーズ著、実務教育出版〉72〜103ページ）。

100字には収まっていませんが、以上のようなプロセスを経てつくられた（③のステップで100以上出されたアイディアを五つに絞り込んだ）ある小学校の例をご紹介しましょう。

❖オーストラリア・メルボルンのヤラヴィル小学校の教育ビジョン

- **生徒たちが個々の能力に応じて学べる、一人ひとりを大切にし、同時に協力的な学習環境を提供する**
- **生徒たちが自分で選択できるように、知的なスキルと社会的なスキルの両方を身につけさせる**

・多様な社会の中での平等を目指すと同時に、個々人の自尊感情を育てる
・自分の行動、価値、態度の責任が取れるようにする
・リスクを負ってチャレンジ精神で学習に臨む

目標は、ビジョンを実現するために、どんなステップを踏んで歩んでいったらいいかを示してくれる道標です。その意味では、ビジョンがやる気を出させてくれ、そして優先順位を明確にしてくれ、目標が達成感を味わわせてくれる、という関係にあると理解していいでしょう。目標は、以下のＳＭＡＲＴ（スマート）の条件を満たしていることが不可欠です。

・S＝Specific……………明確である
・M＝Measurable…………測れる——評価の基準が示されている（大切なのは、最終評価ではなく、継続的なモニタリングができること）
・A＝Attainable…………努力すれば実現できる
・R＝Result-oriented…結果志向である
・T＝Time-bound………タイムラインが示されている

▼保護者が活躍できるチャンスを提供する

最近、子どもを虐待する保護者のニュースがマスコミをにぎわしています。また、子育てにほとんど関心を示さない保護者の存在を危惧する声もありますが、圧倒的多数の保護者は、自分の子どもはかけがえのない大切な存在だと思っており、その子どものために自分ができることを知りたがっています。

これらのアイディアを保護者自身で考えて、実行するのには大きな困難を伴いますが、学校サイドがリストを提示して、保護者に「これならやれる！」「これならやりたい！」と思えるものに参加してもらったり、実行してもらえれば、両者にとって、そして誰よりも子どもたちにとっていいはずです。

・昼食時間（プラス昼休み）の世話――まともなものを家で食べさせない家庭が増えていることが社会問題化しています。そのことによって、ますます「給食」の大事さを訴える向きもありますが、それはどうも違うように思います。三度の食事の責任は、本来、家庭サイドにあるのではないでしょうか？　責任論はともかく、時間の取れる保護者に昼食時間に学校に来て子どもたちの世話をしてもらうことで、保護者には食事の実態を知ってもらえることになりますから、大きなメリットがあるはずです。学校側にとっては、毎日ではないにしても、教師たちは昼食時間および昼休みの間に、大切な休み時間が取れたり「授業を計画する時間」が確保できるのですから、一石二鳥です。

・**読み聞かせ**——多くの保護者は、小学校に入る前までは家で読み聞かせをしています。それを自分の子どもだけでなく、クラスの子全員を対象にやってもらおう、ということです。時間の問題があれば、朝の読書の時間を活用したらいいでしょう。自分が選んだ本を黙読することは大切なことですが、それと同じか、それ以上に、誰かが特別に選んだ本を読み聞かせてもらうことは、小学校ではもちろんのこと、中学や高校でも大切なことです。

（参考・『読み聞かせは魔法！』〈吉田新一郎著、明治図書〉）

・**社会科見学など、学校の外に出るときのサポート**——「授業中の学びや安全は学校の責任」と突き放してしまうのではなく、「子どもの教育の責任は保護者にある」ことを思い出してもらうために、積極的にサポートしてくれる人を求める必要があります。保護者を含めた大人も学びや発見や出会いがあるような内容でないと、子どもたちへのインパクトもそれほど大きくはないことを意味しますから、プログラム作成の段階から関わってもらえば一層効果的です。

・**ゲスト・ティーチャー**——保護者の特技、趣味、仕事などを、子どもたちが学校で学んでいることと関連づけて教えてもらいます。何といっても、得意な人というか好きな人に教えてもらうのが一番です。子どもたちは、いつも同じ先生からだけではなく、多様な人たちから教えてもらうことを望んでいます。

・**子どもたちの読者になる**――子どもたちが国語などの時間に書いたものの読者になって、反応やコメントを送る役になってもらいます。メンバー限定のブログを、たとえばクラス単位でつくってみるのもいいでしょう。

・**子どもたちの発表の聞き役になる**――子どもたちが社会科、理科、算数等で学んだことを発表する際の聞き役や質問役になってもらいます。評価の仕方を従来のテストで終わる形ではなくて、発表等のパフォーマンス評価（「本物の評価」とも言われます。それにはテストでの評価を暗に「偽物の評価」とした批判が込められています）に転換していくことが大切だからです。子どもたちの動機づけは格段にアップしますし、聞き手／質問役とのやり取りの中からさらなる学びも生まれます（参考・『PBL 学びの可能性をひらく授業づくり』〈前掲〉）。

・**クラス通信の編集・発行**――具体的には、教師や生徒へのインタビュー、授業や遠足、休み時間、給食などの観察・取材、入力、レイアウト、印刷などです。教師が一人でがんばってつくって配付するより、他の保護者たちも関心をもって読みやすくなります。87ページの「おしゃべりノート」から、話題を編集した通信もよいでしょう。

・**子どもの価値ある（思わぬ？ 意外な？）発言の収集**――家での生活の中で子どもが発した価値ある発言を収集し、紹介してもらいます。

・**子どもも「専門家」**――テレビや新聞やインターネットなどを通して子どもが関心を示し、「専門家」の領域に足を踏み入れていることを紹介してもらいます。

・**テーマ学習のメンバーになってもらう**（テーマ学習は１０１ページを参照）――私（岩瀬）の総合的な学習の授業で演劇づくりを行った際、保護者が子どもたちがつくった「大道具チーム」「衣装チーム」に共に参加し、子どもたちと一緒に活動してくれました。

他にも、家族でいっしょに宿題をすることや、家で子どものポートフォリオをつくってもらうことや、バディー制度（古くからいる保護者が新しい保護者のお姉さん・お兄さん役になっていろいろ教えてあげる制度）なども考えられます。

もちろん、ボランティアは保護者に限定しません。地域の住民、特に時間に余裕のある、しかもたくさんの知恵や知識をもっている高齢者たちの参加は大歓迎です。とにかく、すでに存在しながらも、ほとんどまったくといっていいほど活用されていない貴重な人材が、保護者や地域の住民です。その人たちに積極的に参加してもらえれば、学校がグングンよくなっていくことは間違いありません。また、誰にとっても居場所のある学校になっていきます。

（参考・*Going Public*〈前掲〉の１８６～１８７ページ）

保護者や地域の授業参加が子どもの学びを豊かにする

多くの保護者は、学校でどんな学習や生活が行われているかを知りたいし、大切なわが子の成長に協力したいと思っています。しかし、1年生になったばかりの子の保護者からは「幼稚園までは毎日お迎えに行って先生と話して、今やっていることなど知ることができたのに、学校に入ったら先生と話す場もなく、何が行われているかさっぱりわからない」「学校に関わりたいけど、どうやったら関われるのかわからない」などの声も聞かれます。

唯一の機会が授業参観。それも数か月に一度です。しかもただ見ているだけ。

教師と保護者が連絡を取り合ったり、話したりするチャンスは、何かトラブルがあったときだけで、気がつくとお互い批判や文句を言い合う関係になってしまう、ということにもなりかねません。

これでは、共に協力して子どもを育てていこうというい い関係が築かれるはずがありません。

もっと日常的に情報交換をしたり、子どもの様子を知ったり、共に協力して子どもの成長に関わる方法はないでしょうか。

その優れた方法の一つに、授業参観ならぬ、「授業参加」があります。

授業参加とは、保護者や地域の人に積極的に授業に参加してもらい、一緒に子どもたちの成長を支えていこうという方法です。何か特技などをもっている人にゲスト・ティーチャーとして学校に来て授業をしてもらう、ということが行われるようになりました。しかしこれでは、特技のない「普通」の保護者にはチャンスがありません。

そこで授業参加は、普段の授業に、教師の補助として関わってもらうことからスタートします。たとえば算数の授業で子どもたちをサポートしたり、家庭科のミシンや、調理実習で先生役やサポート役をしたり、作文を読んでコメントしたり、などです。子ども同士でもできることですから、保護者が行うことも難しくはないでしょう。始めてみるとすぐに実感できると思いますが、教師はとても助かります。教師一人でがんばらなくてよいのですから。参観と違い、「共に子どもの学びをサポートする役」になるので、教師と保護者は同じ目的に向かって力を合わせるパートナーになれます。

また保護者は、教師の苦労や、日頃の子どもたちの様子がわかり、教師、クラスの子どもたち、他の保護者と関係を深めるチャンスにもなり、お互いの理解が深まっていきます。そして何より、「子どもたちと共に学ぶことは楽しい！」と思えることでしょう。保護者自身が学び手となって子どもと一緒に学ぶという時間をつくるのもおすすめです。

利点を整理してみると、以下のようなものが挙げられます。

❖子どもたちにとって

・教師一人ではサポートし切れなかった子どもたちは、気楽に質問できる大人の登場で、より学びやすくなる
・様々な人に教えてもらえることにより、学力、学習意欲の向上につながる
・教室が地域や保護者に開かれ、いろいろな人が出会う開放的で明るい雰囲気になる
・様々な大人と関わることになり、多様な生き方のモデルを知ることができる

❖保護者、地域の人にとって

・日常的に学校に出入りすることにより、学校や子どもたちの様子を知ることができる
・実際に子どもに教えたり、一緒に学んだりすることを通して、子どもたちが何を学んでいるか、どのように学んでいるかを知ることができる。いろいろな子どもたちと知り合いになることができる
・教師の苦労や工夫、学校の現状を知ることができ、共に改善策を考える仲間になれる
・保護者同士のつながりも生まれ、子育てなどでアドバイスをし合える
・子どもたちの学びをサポートすることに、楽しさややりがいを感じることができる

❖学校、教師にとって

・一人で全員の子どもを見なくてすむ。役割分担ができ、負担が軽減される
・教師と保護者が、真の意味で同じゴールを目指して協働できる。批判し合う関係ではなく、一緒に子どもを育てていく、そのために協力するという信頼関係を築ける
・保護者から多様なフィードバックを受けることができ、授業改善につながる

この授業参加が発展していくと、保護者と教師で共に授業計画を立て、実践するということも可能になります。私（岩瀬）のクラスでは、「竹」をテーマに、生活科の授業を保護者と一緒に計画を立てて実践したことがあります。事前に竹林の見学に行ったり、放課後に竹の教材研究を一緒にして、細工の事前練習をしたときには、子どもに戻ったようにワイワイと楽しそうに活動していました。竹細工の授業は授業参観の日に行ったのですが、その日の「先生」はもちろん多くの保護者でした。その結果、私が最初に計画していた授業よりもはるかに深く、楽しいものになった経験があります。その後も算数や図工の時間にサポートしてくれました。

それによって、教師と保護者、保護者同士がとても仲よくなり、その後も継続して集まって話したり、お互い相談したりするようになりました。担任としても、クラスの様子を全部知ってもらうことができ、いろいろな相談を保護者に気楽にできるようになりました。また最終的には、保護者が主導の授業が実施されることもありました。保護者はそのように主体的に関わ

れるチャンスがあれば、驚くほどの力を発揮します。子どもも、教師も、保護者も、お互いに協力し、刺激し合いながら学び続ける「仲間」になれるのです。

東京都連雀学園三鷹市立第四小学校では、「スタディー・アドバイザー」という制度で保護者や地域の人の授業参加を行っています（2007年当時）。スタディー・アドバイザーとは、算数や国語などの教科の授業に、教師の授業の補助として活動する学習支援ボランティアのことです。算数の学習での補助、調理実習や裁縫での補助など、多様な活動を行っています。算数の授業では1回の授業に4～6人の保護者がスタディー・アドバイザーとして参加したり、低学年の国語では2～4人の生徒のグループに一人つくこともあり、年間では延べ2000人以上が活動に参加しているそうです（平均すると週60人！）。

この他にも「コミュニティー・ティーチャー」（地域の専門家、たとえば医師による理科の授業での「動物の誕生」の指導、琴奏者による音楽の授業での「日本の音」の指導など）、「きらめきボランティア」（授業前や放課後に、地域の人や保護者が中心になって課外の自主的なクラブ活動を行う。英会話、点字、手話など）といったものがあり、保護者や地域の人が多様な形で学校に関わることができる仕組みづくりを行っています。

このような授業参加の橋渡し役として、NPO法人の「夢育《むいく》支援ネットワーク」（http://muiku.info/）が設立されているのも大きな特徴です。教師は、どの授業でどのような補助が何人必要かを連絡すれば、調整してくれる、という仕組みになっています。

保護者に子どものサポートの仕方を学んでもらう

はたして、これまで学校は保護者に子どものサポートの仕方を知ってもらう、ということに関して、どのように、どれだけ熱心に取り組んできたでしょうか？

それは、校長や担任が発行する学校便りや学級便りでもなさそうですし、授業参観でもなく、その後に行われる学級懇談会でもありません。またＰＴＡの研修委員会が開催する講演会でも当然ありません。少なくとも、これらを通じてサポートの仕方がわかったという保護者は少ないと思います。

そもそも、学校は学習面や生活面での保護者のサポートを期待しているのか、という疑問がわいてきてしまいます。おそらく、学校側も家庭の側も、それぞれの役割分担意識が極めて希薄なのだと思いますし、互いが相手任せという部分も多分にあるのだと思います。この最後の点は、学習面や生活面で何をすることが望ましいのか自体も明確になっていない、ということにつながってしまいます。

こういうことに疑問を感じている人は少なくないと思いますが、いかんせん双方のコミュニケーションが成り立っていませんから、すべてが曖昧のまま進んでいるというのが実態だと思います。

もちろん、役割意識を明確にもつことや、優先順位をはっきりとつけることは前提ですが、ここでは、子どもたちの学習面や生活面で保護者のサポートを得るためのいくつかの方法を紹介します。

・**何を、どう教えているかの紹介**——一方的に教師が話し続けるよりも、保護者の質問に答える形の方が望ましいでしょう。より好ましい方法は、実際に子どもたちが受けている典型的な授業を体験してもらうことです。もし、20～30年前に自分が受けていたのと同じ授業を受けさせられたら、保護者たちからどのような反応が発せられると思いますか？　同じなので安心すると思いますか？　それとも、こんなに時代が変わったのにまだ同じことをしているのかと、あきれられると思いますか？　これをきっかけに、学び方や教え方についての勉強会やブッククラブ（53ページ参照）がスタートできれば、それはそれで大きな収穫と言えます。

・**授業観察は年間を通じて**——特定の日だけに授業参観をするのではなく、保護者の興味・関心、都合に合わせて、いつでも見られるようにしておくことが大切です。目的をもって来る保護者からは、ぜひフィードバックをもらってください。貴重なコメントが得られるはずです。このフィードバックには、25ページの「大切な友だち」をおすすめします。

・**授業参加**——196ページを参照。

・**校長とのお茶を飲みながらの談話**――少なくとも最初のうちは、参加者の都合を考えて、様々な時間に設定して実施してみることが大切でしょう。様子がわかってきたら、テーマをあらかじめ設定して行ってみてもいいかもしれません。

・**何人かの先生たちによるパネル・ディスカッション**――校長だけが学校のスポークス・パーソンではありません。保護者たちの関心は、実際に自分の子どもが直接教えてもらう先生たちの考えやアプローチを聞くことにあります。様々な教科や、宿題、評価、学力テストなど、あらゆるテーマで考えられます。

・**ビデオ上映会**――実際に授業参観や授業体験ができない保護者のために、それらの様子を映したビデオを上映したり、あるいは貸し出したりすることができます。

・**ブッククラブ**――すでに53ページで紹介した方法は、保護者を対象にも実施できます。

・**ワークショップ**――話を聞いたり、本を読んだり、あるいは授業を見たりするだけでは、なかなかできるようにはなりません。204ページの【表12】は、それを数字で表したものです。AとBのレベルは理解はしてもらえますが、Cは参加者同士で先生や生徒になって練習した場合です。Dは継続的サポートやフォローアップがある中での繰り返しの練習によって、私たちは初めて使いこなせるようになることを表しています（このことは、私たちは自分たちの体験を通じて、すでに知っていることかもしれません）。同時に、これまで「研修」の名で実施してきたいろいろなものが、まったく役に立たないことも、おわかりいただけ

[表12] 研修方法によって変わる効果

研修の要素	理解	技能の習得	応用・活用
A 理論	85%	15%	5〜10%
B 理論＋実例紹介	85%	18%	5〜10%
C 理論＋実例紹介＋練習	85%	80%	10〜15%
D 理論＋実例紹介＋練習＋サポート	90%	90%	80〜90%

出典：『効果10倍の〈教える〉技術』前掲、157ページ

ると思います。

　ここで紹介するワークショップは、話題提供者としての講師も含めて、出席者全員が主役の参加型の学習会です。そのような会の進め方は、『ペアレント・プロジェクト』〈J・ボパット著、新評論〉で詳しく紹介されているのですが、成功の鍵は6回連続で実施することです。最低でも6回連続ですることが、使いこなせるようになるための練習とサポートの機会を保証しているわけです。

「ペアレント・プロジェクト」を簡単に要約すると、①楽しむこと、②仲間づくりを大切にすること、③書くこと、④読むこと、⑤自分たちの作品をつくって互いに見せ合うこと、⑥家で子どもとできることが常に提供されかつ実践されること、そして⑦参加者がテーマを決定すること、を大切にしながら進められます（「子どもの学校での学びをサポートするために保護者ができること」に関する他のアイディアについては、『いい学校の選び方』〈吉田新一郎著、中公新書〉の167〜180ページを参照してください）。

▼子どものエキスパートである保護者に情報提供してもらう

子どものことを一番よく知っているのは間違いなく保護者です。保護者たちがもっていることの貴重な情報を提供してもらい、それらを学びや学校での生活に活かさない手はありません。

このアイディアは、あるアメリカの小学校の校長が、ハーバード大学に息子を通わせたときに、ルームメイトを探すために息子の紹介文を書くように大学の寮から依頼されたことを思い出して始めたアイディアです。その意味では、小・中・高・大学どこでもできます。

彼女（校長）は、自分の息子のことについて書くことの難しさと同時に、書いたことによって息子のことや自分と息子との関係などを振り返ることができた、という収穫について述べています。そして、彼女の学校に入ってくる新入生と編入生全員の保護者に対しては、「お子さんと学校でよりよい関係を築くために、そしてよりよくお子さんをサポートできるようにするために、お子さんのことについてご紹介いただければ幸いです。その中には、お子さんにまつわるストーリー、思い出深い話、特に大切にしているもの、得意・不得意、強み・弱み、好き・嫌い、情熱を燃やしていること・恐れを抱いていることなどを含めていただいても結構です。また、お子さんの名前の由来について教えていただければありがたいです。私たちは、これらの情報を使ってお子さんのルームメイトを探し出すことはしませんが（午後3時には下校していただかなければなりませんので）、提供してくださる情報は有効に活用させていただきます。今でも、私の息子にとって最初のルームメイトは親友であり続けています。その意味で大学の寮はとてもいい仕事をしてくれたわけです。貴重なお子さんに関する情報を提供してくださることで、私たちにお子さんについて、よりよく知る機会を与えていただければ幸いです。よろしくお願いいたします」という校長の私信の形で、依頼しています。

必ずしも全員の保護者が書いてくれるわけではないようですが、それでもほとんどの保護者は喜んで協力してくれるだけでなく、とても貴重な情報をたくさん提供してくれるそうです。これほどパワフルな情報を、こんなにもシンプルに集める方法は他にないかもしれません。この情報をうまく活用できれば、学校は必ず変わっていくはずです。

保護者に、子どもにまつわる情報を提供してもらうその他の方法として、先の校長は、

- **家で読み聞かせをしているビデオないし写真**
- **子どもと一緒につくった、家にある本の中の推薦図書リスト**
- **実生活の中で、子どもが数学者や科学者のように考えたときのメモ**

などを挙げています。

さらに、彼女は、保護者たちからのメッセージを受け取りやすくするために、自分のドアに

は郵便受けをぶら下げていますし、教職員全員のメール・アドレスも公開しています。

もちろん、大切なことは保護者の側も苦情のみを発信するのではなく、できるだけ多くのいい点の指摘や感謝の気持ちを先生たちに直接、あるいは校長を通じて間接的に伝えることです。そうすれば万が一、苦情や改善のための提案をするときにも、常日頃からコミュニケーションが取れていることが役立つことを彼女は指摘しています。さらに、保護者の側が学校で行われている様々な教育活動にもっと関心をもって、いろいろな質問（ときには、校長自身が勉強をしないといけないようなものまで含めて）を学校側に対して投げかけることが、学校をよくする一つの大切な方法であることにも言及しています。

なお、日本でも学校単位で保護者を中心に地域の人たちの特技や仕事などを書いてもらって、スクール・ボランティアやゲスト・スピーカーとして活用しているところはすでにあるでしょう。ところが、この学校では、趣味や特技や仕事などを含めた保護者アンケートはＰＴＡが実施しており、ゲスト・スピーカーなどが必要なときにはとても重宝しているそうです。何ごとも学校サイドがやってしまうのではなくて、適切な役割分担の重要性をも考えさせてくれています。

当然のことながら、保護者が情報提供してくれたことは、しっかり活かしていることをアピールする必要もあります。時間をかけて書いたことが活かされていることを実感できないと、次第に情報発信をしてくれなくなってしまいますから。

（参考・*Going Public*〈前掲〉156～161ページ）

▼保護者が学校運営に参加し、学校を変える

学校が変われない・変わらない要因には様々なものがあるわけですが、「保護者と地域住民の学校運営への参加」は、次のような課題に対処するためのものです。

①教師以外の人々が学校の運営に関わっていない。そのため、学校の中の論理だけで動いてしまい、独特の考え方や慣例が、悪い意味で維持されてしまう。一方、保護者が学校にとって「お客さん」のようになっており、保護者も学校をサービス機関だと思っている場合が多い

②教師や学校が生徒や外部から評価される形がない

③保護者と教師と生徒がよく話し合って学校のものごとを決定する仕組みがない

これらの課題を解決すべく、文部科学省（および教育委員会）は学校評価制度や学校評議員制度などを設けたり、学校公開などを含めた説明責任を果たすように各学校に指示を出していますが、あまり機能しているとは言えないのが実態です。

さらには、これまで行われている授業参観後の学級懇談会や、PTAを通した様々な活動が、以上の三つの点で何らかの効果を上げているかというと、すでに機能しているのなら、新たな方策として学校評価、学校評議員、学校公開などをやり始めるそもそもの必要性もないわけですから、すでに関わっている人たちが①～③の機能を期待していないというか、得られるものではないと位置づけているのだと思われます。

まだまだ、保護者たちに学校のことには口出ししてほしくないと思っている学校関係者が圧倒的でしょうし（教師間のコミュニケーションも円滑に取れているところはそう多くないなかで、それに上乗せして保護者や地域住民との対話を重ねることは「シンドイ仕事」と映るのも当然です）、保護者の側も、ある意味では「主役」になっていろいろさせられるよりは、「お客さん」であり続けた方が楽と思っています。両者の意向が一致していますから、なかなか「あるべき姿」には向かいません。

保護者や地域住民が学校の運営に積極的に参加する方法は、欧米では当たり前のように行われています。主に、学校理事会や学校協議会などの名称で存在しています。

実際にしていることは、国や地域によって若干違いますが、

①地域と学校との連携協力の推進
②年間計画・予算計画の承認

③カリキュラム（何を、どう教えるか）の承認
④校長の評価や登用、解雇
⑤学校改善計画の提言

などです。

これは、まさに会社で言えば株主の役割に相当します。校長は、株主から負託を受けた社長という位置づけになりますから、極めてわかりやすくもあります。今の日本のように、大会社である文部科学省の支店的な機能しか果たしていない教育委員会の一下請け工場長的な役割とはだいぶ違います。

校長の登用と解雇権を学校理事会がもっていますから、いい校長は同じ学校に長くいることになりますし、悪い校長は任期を前にして辞めさせられる事態も生じます。校長も、教育委員会の方を向いて仕事をするというよりは、確実に理事会に対して説明責任と結果責任（＝アカウンタビリティー）を担うという関係になります。

校長は、教員の採用も含めて日々の学校運営の全責任を任されています。しかし、中学校以上になると校長によっては、生徒や教師たちを教員の採用時に選考委員として任命することがあります。自分だけで決めるよりも、その方が多数の人の視点も踏まえて決められるので、いいと思っているからです。

理事会の構成は、たとえば、小学校の場合は、校長、保護者5人、地域住民3人、教員2人の計11人程度で、中・高校の場合は、それに生徒代表が1~2人加わるといった具合です。保護者や地域の代表は、指名ではなく、選挙で選ばれるケースが多いようです。

これならやれそうだし、ぜひやってみたい、と思われる方も少なくないかもしれませんが、結構高いハードルが今の日本の教育制度にはいくつもあります。

たとえば、

・教育委員会に、校長や教員の人事権を手放してもらうこと
・教師間のコミュニケーションを飛躍的に向上させること
・出席者相互の関係を築ける会議の運営法を身につけること
・保護者が「子どもの教育の責任は自分たちにある」ことを認識すること
・保護者や地域の住民などに積極的に学校の運営に関わってもらうことが、学校（ひいては地域）をさらによくし、同時に自分たちが楽になることを学校関係者が理解すること（自分たちが責任を全部かぶらなくてすむのですから）

などが含まれます。

ハードルは極めて高いのですが、それらを乗り越えて、学校の運営に保護者や地域の参加を得ることはメリットの大きいことです。学校で当たり前に行われているたくさんのこと（その中には、時間割、教科、教科書、教室を中心にした学びのスペースの使い方、評価の仕方や成績のつけ方、会議や物事の決め方、保護者と教師・学校の関係、教師と生徒の関係、給食、運動会、修学旅行、研究授業などが含まれます）が、今のまま行われ続けていいはずがないのかもしれませんから。それらをチェックし、改善する機能が今の学校には欠落しているので、学校を批判的に、しかし前向きに見て、積極的に代替案を提案していくような組織の存在は不可欠と言えます。

▼コミュニティー・スクール

これまでは、どちらかと言えば子どもの教育に果たす保護者の役割、責任を強調し、保護者の学校への参加や子どもの教育への参加を中心にした事例を紹介してきました。しかし、基本的には学校と家庭や地域はフィフティー・フィフティー（持ちつ持たれつ）の関係ですから、一方的な関係だけでは長続きしませんし、健康的な関係とも言えません。そこで、保護者たちを中心に地域に貢献する「コミュニティー・スクール」としての役割を学校側がしっかり認識し、かつ、やれることをどんどん実行していくことは、とても大切なことです。

学校が「コミュニティー・スクール」に向けてすでに取り組んでいることには、次のようなものがあります。

- **運動場、体育館、プール、空き教室、図書室、保健室、ランチルーム（カフェ・談話室）の開放**
- **保護者や地域住民を対象にした各講座の開設**
- **地域の運動会、学芸会などへの参加**
- **各種ボランティア活動の実施**
- **地域の題材を扱った様々な授業の展開**

運動場、体育館、プール、空き教室などの開放は、すでに多くの学校が実施していることだと思います。しかし、忘れてならないことは、当然のことですが、どれだけ利用する側の立場に立って施設の提供ができているかです。せっかくの地域の資源である学校の施設ですから、地域の人たちに有効に使ってもらわない手はありません。学校側に必要以上の負担がかからないように配慮しながらも、利用者にとって使い勝手のいい施設の開放に努力すれば、学校が地域のセンター的な機能を果たしていくことになり、結果的に得をするのは学校側であり、生徒たちである、ということになるはずです。

利用者は、単に事務的に（義務的に？）貸し出されているのか、それとも心のこもった形で貸し出されているのか、敏感に感じ取ります。前者だったら、自ずとそのレベルの感謝しかできませんが、後者の場合はプラス・アルファの何かが生まれるはずです。

まだ実施しているところは少ないかもしれませんが、図書室、保健室、ランチルーム、カフェ・談話室などの開放も、基本的には同じです。

ランチルームに関しては、地域の人たちと生徒たちが触れ合え、話し合えることが大切な反面、地域の人たちにとっては、自分たちだけでゆっくり食べられるということも、同じレベルで大切なことです。その意味では、「触れ合い」だけを強調しすぎずに、ランチルームはその時間以外に使われることはほとんどないわけですから、利用の際の時差を設けて、地域の人たちだけに開放する時間帯も考えてもいいでしょう。

カフェ・談話室は、２３１ページでも触れるように、先生たちにとっても極めてニーズの高いスペースです。職員室が雑談できる機能をもたなくなっている傾向があるので、時間帯によって、先生だけが使える時間、地域の人が使える時間、誰でも使える時間と分けてもいいのかもしれません。

運動会や学芸会なども、いつまでも学校主催でやり続ける必要はないと思います。生徒数が減ったりして、多かったときと比べて、学校側の負担はかなり大きいものになっています。地域づくりの一環として、地域主催の運動会や学芸会などに学校が（ゲストとして）参加する形を模索する時代に来ている気もします。とにかく、誰もが得する仕組みを考えていくときに来ていることは間違いありません。

生徒たちが、いろいろなボランティア活動に様々な形で参加したり、地域の題材を扱った様々な授業を展開する形でも、地域への積極的な貢献は考えられます。生徒たちが授業の中で、自分たちの地域を知ったり、地域に貢献していけるような活動を展開することは、関わる者すべてにとって大きな意味のあることです。

これらのことが順調に行われるためには、学校サイドの一方的な思いだけでは実現しませんから、常日頃の地域とのコミュニケーションが大切です。その点で、学校運営協議会といったような組織が果たす役割は大きいと言えます。単なる形式的な組織としてそれを位置づけてしまうのではなく、学校と地域がギブ・アンド・テイクの関係(互いに助け合い、協力し合う、よりいい関係)を築いていくための組織にしたいものです。そのためには、意思決定に学校の代表と、保護者も含めた地域の代表が同じレベルで参加できるようにすることが不可欠になります。

第6章

制度・仕組み・ハードを変える

教室、学校全体を生徒にとってもっと居心地のいい空間に

教室や校内の風景は、徐々にではありますが、よくなってきています。たとえば、様々な子どもたちの作品などの展示物を、教室や廊下や玄関あたりで見ることができます。しかしながら、まだ改善の余地は多分にあります。特に、中学や高校では、きれいではあっても、極めて殺風景であることがほとんどですから、大いなる可能性があると言えます。

私たちは、耳に入るものや体験すること、考えることと同じレベルで、目に入るものからも学んでいることを忘れてはなりません。ということは、教室や学校の中で何が目に入ってくるかは、極めて重要だということです。それは、授業に関連する様々な情報が教室の中だけでなく、学校のあちこちで目に入るようにすることについても、学びを促進する方法として真剣に追求する必要があるということを意味します。

また、単に学びの観点から学校内の空間がどうなっているかが大事なのではなく、生徒たちが学校を「自分たちこそが主役」と思える空間にすることが大切です。生徒たちにとって居心地のいい空間は、単に物理的に作用するだけでなく、精神的にも好影響をもたらすことは言うまでもありません。そこにあるもの、飾ってあるもの、デコレーションによって温かさが感じられ、自分がクラスや学校の構成員であることを自覚できます。それらはすべて、ストーリー

があり、どれもかけがえのない大切なものだからです。生徒たちが受けるメッセージは、「自分は大切にされている」です（来訪者には、温かく迎え入れられているという感覚を与えることでしょう）。それでは、教室や学校全体が居心地よくなり、かつ学びを最大限に生み出す空間のつくり方をご紹介しましょう。

①展示スペースとしての玄関や廊下――展示物は頻繁に交換するのがコツ。その意味では、この「仕事」は教師がやらずに、担当の生徒たちにやってもらうのが望ましいでしょう（１３３ページを参照）。様々な展示物が考えられます。たとえば、生徒たちがつくった作品、調べたことの発表、言葉について、地域について、社会で起こっていることなどについてです。

②図書コーナーを教室や廊下を含めて校内のあちこちに置く――「本は大切！」というメッセージを発信することになります。これも、生徒たちの「仕事」にできます。

③談話スペースを校内のあちこちに設ける――保護者や地域の人たちからの寄贈品を使い、座って会話が楽しめるスペースをつくります。

④各クラスが教室や廊下のスペースの効果的な使い方をコンテストの形で競争する――中・高では難しい部分はありますが、ここでも生徒たちに中心的に担ってもらうのがいいでしょう。基本的には、スペースの使い方が悪いと、そこで生活する人々のコミュニケーショ

ンを阻害することになり、逆に、教室や学校の中のスペースの使い方がいいと、コミュニケーションが円滑になります。

⑤校長室を「学校の主役」である生徒たちを意識した空間に変える——現状は、それとはあまりにもかけ離れた大人の来訪者のための、しかも極めて堅い雰囲気のスペースになっています。理科の好きな校長は、それに関連する本や資料をたくさん置いたり、美術の好きな校長は、小さな美術館にしてしまったり、読み・書きの好きな校長はたくさんの（絵）本や書く道具をそろえたり、生徒たちとジャーナルを交換したり、といった具合です。

⑥校長が生徒数人を連れて校内を回り、改善点を見つけ、改善案も考える——校内巡視の際に、ゴミを拾ったり、改善点を見つけて修正する手配をするのが校長の日課になっているところは少なくありません。これも生徒ができることです。生徒ができることを、校長を含めた教師が取ってしまってはいけません。

校長や教師がゴミなどを見つけて、生徒に「拾いなさい」と言うと、「私が捨てたゴミじゃありません」と応える生徒は少なくありませんが、「ものを大切にしましょう」と何回言ったところでほとんど意味のないような場合でも、生徒たちに主体的に改善点を見つけてもらい、そして改善案も考えてもらうと、状況は一変します。極めていい問題発掘と解決の練習の機会になるだけでなく、お互いのものや学校のものを大切にする、という文化をつくり出すことにも貢献します。

⑦「教室リフォームプロジェクト」。自分たちが過ごしたい教室に「リフォーム」する――

私（岩瀬）のクラスでは、文具コーナー、ポスターコーナー、季節の飾り、畳コーナーなどが生まれ、日々改善されていきました。子どもたちはこのプロジェクトが大好きで、「そろそろリフォームプロジェクトの時間を取ってほしい」と訴えにきます。教室は自分たちが主役の場所で、自分たちで改善していけるという気持ちになってきています。

⑧トイレ等、学校をリフォームしていく――リフォームできるのは教室に限りません。学校の様々な場所を使いやすく、楽しい場所にリフォームしていきましょう。

（実践事例があります。「いわせんの仕事部屋」「「やらされる」から「やってみたい！」に。」で検索してみてください）。

（参考・*Going Public*〈前掲〉第2章）

私のクラスでは、「お掃除プロ制」という方法も実施しています。「お掃除プロ制」とは、同じ掃除場所を数か月、「プロ」として受け持つ方法です。担当箇所は、自分たちで掃除の方法を工夫し、早くきれいにしていきます。またその場所は、「自分たちで変えてよい」ということになっていますので、トイレ掃除の子どもたちは、入り口に「ようこそ！」という看板をつけたり、ポスターを貼ったり、きれいなのれんをぶら下げたりと、居心地のよい空間づくりに励んでいました。「トイレ・プロチーム」の解散のときには、ある子が「次のトイレ掃除の人たちへ」という、掃除のコツやアドバイスを紙に書いて、ファイルに入れてトイレに置いていました。進級後も気になるようで、何度もそのトイレを見にいくほどでした。自分たちが主役として改善していき、自分たちで居心地のいい空間をつくっていくことの重要性を感じた出来事でした。

（教室リフォームプロジェクト、お掃除プロ制の詳細は『クラスづくりの極意』〈岩瀬直樹著、農文協〉参照）

なお、133ページで「生徒たちは、学びたいと思っているか？」という問いを発し、生徒たちを学びに招き入れる要素を紹介しましたが、それらの要素をハード面に応用したのがこの方法と言えます。

▼ホームルーム制からアドバイザー制へ

日本の中学・高校でいつからホームルーム制が導入されたのかを、私たちは知りません。しかし、それが全国の中学・高校に浸透し、確実に毎日実施されていることは知っています。その「当たり前」と思って行っていることは、どれほど機能しているのでしょうか？　ホームルーム制はいじめや不登校の問題をはじめ、学校が抱える様々な問題を引き起こしている一つの要因だとして、アドバイザー制度を導入したのは、ホームルーム制を始めたアメリカでした。

アメリカの場合は、中学や高校において教科選択制が日本よりも進んでおり、朝や帰りに5～10分程度ホームルームとして顔を合わせたら、あとは生徒たちは自分の取っている教科の先生がいるクラスを歩いて回ります。したがって、選択制の中でのホームルームでは生徒同士や教師と生徒とのコミュニケーションが図られず、そのことが様々な問題を生み出す引き金になっていると考えられ始めたわけです。生徒の中には「この学校で自分のことを知っている先生は一人でもいるのか？」「自分のことを気にしてくれている先生や生徒はいるのか？」と疑問をもつ子どもも出てきて、それが様々な問題を引き起こしているというわけです。この悲しい状況は、クラス単位での学習がアメリカよりははるかに多い日本でも、生じてきているようです。

もう一つ、教師は自分の専門を教えていればいい、生徒は教師に教わったことをしっかり学んでいればいい、というこれまでの伝統的な捉え方では、もう学校が成り立たなくなっているということに気づき始めたこともありました。生徒たちは、頭と体だけで存在するのではなく、心（感情）も伴っています。その心（感情）の部分を丸ごと抜かしておいて、いい教育などできるはずがない、ということに気づいたわけです。このことは、教師たちに「教科の先生である前に、生徒たちの先生であるべきだ」ということを思い出させることにもなりました。生徒たちのことをよく知らない教師に、よく教えることなど、そもそもできるはずがありませんから。

そんな状況で導入されたのが、ホームルーム制に代わるアドバイザー制です。アドバイザー制は、大学などで長年行われている指導教官制と捉えると理解しやすいと思います。一人の教師が、多くて20人ぐらいの生徒たちの面倒を卒業までの3年間見るという制度です。少ない人数で、長く、しかも頻繁に付き合いますから、お互いに（生徒同士も含めて）よく知り合えます。

これまでは、ホームルームをもたない教師や職員がかなりの数に上っていましたが、アドバイザー制の導入により、管理職も含めて、学校のすべての教職員が生徒たちを15～20人ぐらい担当することになりました。授業をもたない管理職や職員たちにとっても、生徒と触れ合える機会ができたわけです。

生徒の構成は、学校によって様々です。学年単位で構成するところもありますし、異学年の生徒をほぼ同数ずつ構成して、毎年3分の1ずつ入れ替えるというふうにしているところもあります。後者の場合は、単に教師が生徒たちの面倒を見るだけでなく、生徒同士がフォローし合えるという関係を築ける利点もあります。その際、教師の負担が減ることは言うまでもありません。生徒たちにできることは、教師（大人）がやってしまうべきではないのですから。

アドバイザー制の特徴の一つは、ホームルーム制と違って、日々の活動を情報伝達と交換の場以上のものとして位置づけることです。したがって、これまで以上にその構成メンバーで過ごす時間は長くなります。お互いがよく知り合うことは当然のことですが（そのために様々な活動を行います）、各自が抱えている課題や共通に抱えている課題を出し合って、話し合ったり、解決したりもしますし、アドバイザーが生徒と一対一になってする個別面談やジャーナルに書く形での振り返りも頻繁に行われます（ジャーナルについては29ページ参照）。人前で話すことが得意でないような子は、個別面談や書くことを通してアドバイザーとコミュニケーションが取れるわけです。他にも、アドバイザー単位での様々な活動を行うことで、生徒たちが「自分は知られている」「自分を気遣ってくれる人がいる」「自分の居場所がある」という安心感をもてるようにすることに努力しています。おそらく、そういう意識なしに不安がっていては、よく学べるはずなどないからです。

これに割く時間も、学校によって様々です。毎日30分ずつのところもありますし、週に3回1時間ずつのところもあります。後者の場合は、1日はソーシャル・スキル（グループ・スキル）、1日は、教師と生徒の一対一の個別面談、そして1日は個別テーマを設定しての話し合いといった具合です。受験勉強のための教科指導の時間と、生徒が安心感をもち、教師と生徒、そして生徒同士がコミュニケーションを取るための時間は両方とも大切なわけですが、どちらに優先順位があるかを考えたら、答えは明らかだと思いますがいかがでしょうか。

教師の観点からすれば、これまでの教えるという教師の役割に加えて、コーチやメンター（よき先輩）やモデルで示す人や、やる気にさせる人などのアドバイザーの役割が求められることになります。そのためには、適切なトレーニングが必要になります（しかし、それらは単にクラス運営の際に求められる資質ではなく、これからの授業で求められる資質や能力でもあるので、とても重要です）。そうすることによって、しっかりしたプログラムを立てて実施することができるようになり、これまでのホームルームのように単に「時間をつぶす場」や「集まりの場」ではなく、自分や他人や社会、あるいは卒業後のことについて学ぶ場にもなります。

アドバイザーは、また学校と家庭の橋渡し役でもあり、教科の観点から一人ひとりの子を見るのではなく、全人格として見ます。

❖アドバイザーと行う多様なプログラム

- アドバイザーと生徒の一対一の面談
- 学業も含めた生徒の振り返りや自己評価
- 健康的な選択や意思決定
- 効果的なコミュニケーションの取り方（ソーシャル・スキル）
- 対立や問題の解消方法
- 目標設定
- 時間の管理について
- 協力できる資質や方法の練習
- 効果的な学習方法やテストのためのスキル
- キャリア教育
- 社会公正について

・多様性（への対処）について
・困難な状況を乗り越えるための方法について
・刺激的なテーマを設定しての討論
・個別のリサーチ・プロジェクト

❖アドバイザー（教師）を対象にした研修に含まれるもの

・よきメンターになるためのトレーニング
・生徒の立場に立つ
・効果的な討論や話し合いの仕方
・保護者との効果的な関係の築き方
・反抗的な生徒への対処法
・問いかけ能力の向上
・生徒たちの協力を引き出す方法
・生徒たちの創造力を引き出す方法

なお、小学校は一人の教師がほとんどすべてを教える学級担任制なので、中学・高校と逆のことが必要になってきている可能性があり、それを打開する一つの方法として「学年担任制」

ないし「複数担任制」を233ページで紹介します。

▼時間割は、与えられるものではなく、つくり出すもの

私たちは、時間割というのは当たり前のものであり、動かせないものと思い込んでいます。しかし、今使われている1時限が、小学校では45分、中学・高校では50分という時間割は、いったい、誰がいつの段階で、どのような理由と根拠をもって決めたのでしょうか？

どうも学ぶ生徒の側の都合を考えて決められたものでないことは確かです。おそらく、教える先生たちのことを考えながら、管理面で最も都合のいいものとして生まれたのではないでしょうか（時間割の歴史についてご存知の方は、pro.workshop@gmail.com 宛にぜひ教えてください）。

時間割の問題は、もちろん、単にその長さだけではありません。1時間目・算数、2時間目・体育、3時間目・理科、4時間目・国語、そして給食とお昼休みの後の5時間目が社会、そして最後の6時間目が音楽で、いったい誰がよく学べるというのでしょうか？

私（吉田）がシカゴにあるまだ設立してから5年しかたっていない公立の中等学校を訪ねたときに印象的だったことの一つは、極めて柔軟なその時間割でした。学校設立前の準備段階で創設者たちが思い描いた時間割は、水曜日以外の4日間を100分ずつの時間で教え・学ぶというものでした（通常の時間割の2時間分をブロックのように積み上げて使うので、「ブロック・スケジュ

[表13] ベスト・プラクティス高校の時間割

	月曜日	火曜日	水曜日	木曜日	金曜日
	通常	ブロック	インターンシップ	ブロック	通常
1時間目	8:30- 9:20	8:30-10:13	8:30-12:00	8:30-10:13	8:30- 9:20
2時間目	9:23-10:13				9:23-10:13
3時間目	10:16-11:06	10:16-11:59		10:16-11:59	10:16-11:06
4時間目	11:09-11:59				11:09-11:59
昼食	12:02-12:32	12:02-12:32	12:00-12:35	12:02-12:32	12:02-12:32
アドバイザー	12:35- 1:05	12:35- 1:05	12:38- 1:08	12:35- 1:05	12:35- 1:05
6時間目	1:08- 1:58	1:08-2:51	1:39- 2:51	1:08- 2:51	1:08- 1:58
7時間目	2:01- 2:51				2:01- 2:51

出典：*Rethinking High School*, Haniels, et. al. Heinemann, p.175.

ール」と呼ばれています。水曜日は、136ページで紹介したインターンシップに当てられていました）。しかし、実際にその学校で採用された教師たちがそのことを知った段階で話し合いがもたれ、曜日別に伝統的な50分授業と、100分授業との両方を行うという妥協の産物の結果になりました。要するに、そんなに長い時間、生徒たちの集中を切らさずに教えた経験のある教師がいなかったからです。しかし、新しい教え方・学び方に挑戦することの大切さも認識されたので、妥協の産物として変則的な時間割が生まれる結果になりました。

その後、約3か月間の試行錯誤のすえに到達したのが、私が訪ねた設立5年目の時点でも使われていた【表13】の時間割です。

しかし、この時間割も年間を通じて使われているかというと、そうではありません。新学期が始まって最初の5～6週間はインターンシップなどの生徒と職場のマッチングをする期間なので、水曜日も50分授業が行われています。また、年に4回（それぞれ2～3週間ずつ、合計で10週間）もたれる教科の枠と時間割の枠を越えたテーマ学習をする期間は、時間割がまったく無視されます（詳細については、101ページを参照）。このように学校単位で時間割を見直し、生み出すことはとても大切なことです。

また、たとえばクラス単位でも以下のようなシンプルな方法がとれます。毎週金曜日に、現在の学習の進み具合を子どもたちと確認し、次週の時間割を作成するのです。もちろん教科の時間数の枠はありますが、それでも十分に可能です。

「来週月曜日は、発表の準備だから国語を連続で2時間は確保してほしい」「図工は今、材料集めと計画だから、来週はなしにして、再来週にまとめ取りをしよう」「算数は今、テストに向けての学び合いの時間だから、毎日15分ずつ4回取ってほしい」など、いくらでも応用可能です。

このように、つくり出された時間割と、決まって変えようのない時間割では、どちらがより主体的に学べるか想像がつくのではないでしょうか。

職員室を、研究室とカフェに

教師が集う職員室は、教師を「公務員」として捉えるか、それとも「教育のプロ」として週するかの選択を、スペースの観点で象徴していると言えると思います。あるいは、教師の生徒指導的な役割を重視するのか、それとも授業を重視するのかのウェートづけの問題とも言えます。さらには、生徒の管理的な側面を重視し続けるのか、それとも生徒の成長や教師自身の成長を重視するのかの判断でもあります。

ふた昔ぐらい前までは職員室も今の状態で十分に機能していたと言う教師たちは、少なくありません。自分の実践を磨く部分と、生徒のことを含めて様々な情報を交わす部分が職員室の中にとどまらず、学校のあちらこちらに存在していたというのです。しかし、ここ20~30年はそうした部分が薄くなったり、消えてしまい、残っているのはあまり居心地がいいとは言えないスペースとしての職員室だけのようです。

ある教育委員会で開催された研修会の場で、従来の研究授業を中心とした校内研究・研修に代わる、より効果的な教師たちの学びの方法を考えてもらったところ、10ぐらい出されたアイディアの中で、最も多くの票を集めたのは「カフェ」の提案でした。それは職員室がすでに情報交換の場としては機能していないことを意味し、多くの教師たちが真にコミュニケーションが取れるスペースを望んでいることを如実に物語っていました。

ちなみに、欧米諸国には日本の職員室に当たるものは存在しません。彼らにとっての「スタッフルーム」は、まさにカフェです。時間のあるときに、自分の意思でそこに足を踏み入れ、食事やスナックを食べたり、たまたま居合わせた同僚と会話を交わしたり、情報を交換したりするところになっています。また、各人のメールボックスが置かれていたり、案内板もあるので、必然的に日に何回かは足を運ばないといけないところにもなっています。

それでは、教師たちは通常どこにいるかというと、小・中学校の場合は自分が担任をしているクラスであったり、中学・高校の場合は学年や教科を同じくする他の数人の教師たちと同じ部屋にいることが多いのです。日本でも、元国立大の附属学校では研究室のシステムをとっているところがほとんどです。要するに、そういうところでは教師をプロとして遇しているということだと思います。

教師間の人間関係がなかなか築けない今の状況で、スペースとしての職員室が昔のまま存在しているからといって、ふた昔以前の状況を再現することを期待しても無理です。教師たちの努力を期待するよりも、いっそのことスペースの配置を変えた方が、はるかに手っ取り早いし、効果的でもあるわけです。空き教室が増えている現状では、決して難しいことではありません。

学年担任制

今、多くの公立小学校は、学級担任制です。一人の担任が一つの学級を担任するという制度です。あなたも、「あの先生のクラスはよかった！」「あの先生は怖かった」など様々な思い出があるのではないでしょうか。学級担任制は、教師と子どもたちが親密になり、学級が一つのチームとして機能すると大きな力を発揮する一方、マイナス要素もあります。「学級王国」という言葉があるように、外部の目が届きにくく、先生があたかも王様のように振る舞えるという面もあります。

担任一人で授業、生徒指導、事務仕事、果ては給食から清掃指導までほとんどすべてを行い、担任とそのクラスの子ども以外はほとんど出入りしないので、実際どのような授業や学級経営が行われているかを外部から（たとえ隣のクラスの担任でも！）知るのは大変難しく、学級の閉鎖性にもつながっています。

今の学校は、環境や子どもたちの急激な変化により、様々な問題が起きています（典型的な例は学級崩壊です）。このような急激な変化が起きると、教師には、どうしたらよいのだろうという「不安と恐れ」が出てきます。「管理職に何か言われるのはいやだ」「同僚に批判されるのがいや」「クラスがうまくいかないことを知られたくない」などという気持ちが起きてくるのです。こうなると、より情報を隠そうという悪循環に陥ってしまいがちです。

これは教師にとっても、子どもたちにとっても不幸なことです。もっと学級を開放的にして、いろいろな教師で子どもの成長をサポートしていく、教師同士もお互いに協力したり、サポートし合い、悩みを解決し合いながら日々実践していく方法はないでしょうか。

シンプルな方法の一つとして、この項では、「学年担任制」を紹介します。

学年担任制とは、今までの学級担任制ではなく、複数の教師が1学年をチームで受け持つ方法です。たとえば二クラスの学年だったら、二人の教師に加えて、担任以外の教師一人を加えて3人のチームで学年全体を受け持ちます。

朝の会、帰りの会（ホームルーム）は学年で行い、各授業は、部分的教科担当制、ティーム・ティーチング、交換授業、選択制（本書に出てくる、チーム学習、プロジェクト学習、マルチ能力に応じた選択などにも活かせます）、内容によってグループの大きさを変える、など、柔軟に運営を変えていくのです。

これによって、チームの教師は絶えず集まって情報交換や相談をすることが不可欠になります。またチームで学習を進めたり、単元プランを考えたり、役割分担をしていくなかで、学び合う雰囲気が生まれ、またお互いの得意なことを活かすことができます。教師の中でお互いに学び合い、切磋琢磨するという文化が生まれる可能性もあります。チームで教科を分担すれば、今まで全部の授業準備をしなくてはならなかったものを、従来の半分や3分の1に減らすことができます。たとえばある教師が国語をメインで行うと決まれば（教科担当制とも言えます）、他の2人は子どもの学びのサポート役に回ればいいのです。

一方、子どもたちにもメリットがあります。従来の学級担任制では自分とは合わない教師になったら、1年間「我慢」するしかありませんでした。しかし学年担任制になることで、様々な教師と学ぶことができるようになります。またクラスではなく、学年という幅広い人間関係の中で生活できるようになるというメリットもあります。小学校ではよく「クラスが分かれると話もしなくなる」という声を聞きます。それくらいクラスという結びつきは、良くも悪くも強固なのでしょう。それを打破することができるわけです。また学習によって様々なグループに分かれることができるので、いろいろな人と協力して学ぶチャンスにも恵まれます（これには、93ページの「チーム学習」を参照）。

さらに各授業の中で学び方を選択するという授業も、今まで以上にやりやすくなるでしょう。マルチ能力を活かした授業（116ページ）や『ようこそ、一人ひとりをいかす教室へ』〈前掲〉で紹介されている多様な教え方などが展開しやすくなります。

ただし、この学年担任制を実施するには、今まで以上に情報交換したり、単元プランの相談をしたりする時間が必要です。時間を生み出す工夫を学校全体で行う必要があります。

時間のつくり方については、次のような方法などが考えられます。

- 管理職にも授業をもってもらう
- 複数のクラスを一緒にする形で（大学生や地域のボランティアなどに入ってもらいながら）、教師をフリーにする
- 会議などの効率化により（やらなくてもいい会議はなくすことで）、時間をつくり出す
- 229ページで紹介しているように、時間割に柔軟性をもたせる形で時間をつくり出す
- 専科の授業（担任が教えなくてもいい）時間を調整して、チームで集まる

学年担任制は、わざわざ研究授業をしなくても、日常的にお互い授業を見合うことにもなります。そこで25ページにある「大切な友だち」で頻繁にフィードバックし合えば、授業の質の向上に強力な力を発揮する方法になります。また新採用の教師にとっては、学年担任のチームに属することによって先輩教師から見て学べることもたくさんあり、教師教育にも有効な方法と言えます。

ここ20年ぐらいで欧米でポピュラーになってきた方法に、「学校の中の学校」というアプローチがあります。それは、教師たちが数人のチームをつくり、複数のクラスをそのチームが責任をもって教える方法です（欧米では同学年同士でチームを編成するのと同じぐらい、異学年でのチーム編成をすることがあります）。したがって、教師にとっても、生徒にとっても、自分が所属するチーム（ユニットやクラスターとも呼ばれる）への所属意識がとても強くなります。実際、誰もが学校の様々な運営にこのユニットを通じて参加することになるわけです。学校の施設をどう使うか、予算をどう使うかなど、まずはユニット・レベルで話し合われ、そこで決定したことを校長と個別に、あるいはユニットの代表が集まって全体で話し合って決めていきます。

たとえば、教師の研修にしても、このユニットに決定権が与えられており、時間や予算をどう使うかも含めて話し合われます。このような学校での校長は、学校の中の各ユニットの調整役であり、生徒と教師が学び続けることを最大限にサポートする役割を担っています。

〈参考・『国の枠を越えた交流を通して、よりよい未来がみえてきた』〈吉田新一郎著、国際交流基金・国際交流相談室、1996年8月〉。このユニット形式の学校運営を含めたコミュニティー・スクールの事例等について読んでみたい方は、pro.workshop@gmail.com 宛に資料請求してください。〉

▼図書室を学びの基点に

1990年代後半から2000年代の前半にかけて海外の学校を訪ねて印象に残ったことの一つは、図書室の位置づけが大きく転換していることでした。当初は、日本と同じように学校の一番端の方（ほとんど誰も足を踏み入れないようなところ）に、あまり使われていなさそうな本と一緒にありました。しかし、それが学校の中心のそこを通過しないとどこへも行けないようないい場所に移動し、とても明るく開放的で、たくさんのコンピューターも置いてあり（その意味で、「図書室」ではなく「メディア・センター」と言うところもある）、静かに読んだり、調べたりするだけでなく、話し合いをすることを前提にしているような場に変わってきていたのです。この転換は、主には中学校や高校でのことです。

小学校の場合は、図書室以外の教室の中や廊下やロビーなどのスペースにどれだけたくさんの本が置いてあるのかがポイントになります。中・高生と違って、一つの教室から出ることの少ない小学生にとっては、教室の中や近くの廊下にたくさんの本があった方が、手に取りやすいですし、より多くの本を読むようになることは間違いないからです。同じことは、コンピュータ一にも言えます。わざわざコンピューター室に行って使うよりも、教室にあった方が使い勝手がいいのは当たり前です（ちなみに、海外の教育者が日本に来て驚くことの一つが、教室に本がないことと、コンピューターがないことです。特に後者に関しては、ハイテクのイメージが強い日本なので、さぞ小さいときからコンピューターなどを使って勉強しているのだろうと思ってやって来るわけですが、まだ1台も置いていないのでビックリするわけです）。

これらのことは、単に教育観の違いと言って片づけられるのでしょうか？　わが国においては、相変わらず「基礎・基本」の重要性を唱えて、教科書のみを子どもたちの学習材と位置づけている面が多分にあります。「基礎・基本」を言っているのは、外国でも同じです。しかし、教科書をカバーし、その中にあることをひたすら暗記し続けるのか、それとも、子どもたちが興味・関心のもてる「本物」や自分が選んだ学習材を使って学ぶのかでは、身につくものが確実に違ってしまうのではないでしょうか。教科書は、あくまでも結果的にカバーされるべき内容の「一つの案」が書き記されているだけです。それにこだわる必要性はどこにもありません。押さえるべきは指導要領であって、教科書ではないのですから。

文部科学省や教育委員会は、はっきりそのことを教師や保護者に伝えるべきです。曖昧な状態が続いているので、「基礎・基本」の名の下に、退屈でおもしろくない、テストが終わったらほとんどすべてを忘れる授業を続けざるをえない状況が続いています。それは、教師にとっても、生徒たちにとっても、社会全体にとっても不幸なことです。費やしている時間のほとんどが無に帰すのですから。それは、教科書中心の授業が続く限りは約束されています。教科書とは、所詮そのレベルのものでしかありません。

本物に（より近いものに）接したり実感を味わうような授業を教科書だけを通してつくり出すことは、ほとんど不可能です。それを可能にする身近な存在として、本やコンピューターがあるわけですから、積極的に使わない手はないということになります。また、本やコンピューターを使った授業は、生徒たちの主体的な学びをも可能にします。それは、教科書を使った授業である限りは受動的な学びしかつくり出せないのとは、正反対です。

これで、図書室（メディア・センター）が学校の真ん中に移動してきたり、あるいは本やコンピューターが教室の中や廊下に置かれて、身近に使われるようになってきた理由をご理解いただけたでしょうか。小学校によっては、本と本棚が、校内のインテリアの一部になっているようなところもあります。また家庭のトイレの中には本や雑誌などが置いてあるところもあるわけですから、それが学校のトイレの中でも不可能なはずはありません。学校を居心地のいい場、よりよく学べる場にする方法はいくらでもあります。想像力を膨らませてください。

他にも、本に関しては次のようなことも考えられます。

・**これからのトレンドとして、教科の枠を越えてテーマや課題、プロジェクトを設定して学**

んでいくこと（＝学校以外で行われている普通の学び方）が主流になっていくことを考えると、本やコンピューターは必需品である。

・保護者や地域の人たちに、図書室をよりよくする人たちとして参加してもらう。利用者として位置づけるだけでなく、ブッククラブなどを通して子どもたちに対し本を読み続けるモデルを示してもらいます。

・卒業生や地域の人たちに、家で眠っている本を学校の図書室に寄贈してもらう。特に、文学以外の本のニーズはこれまで述べたようなテーマ・課題・プロジェクト学習などの導入で急激に増えていくことが予想されます。

・廊下など、校内の本の管理自体を、子どもたちに委託する。より主役意識（当事者意識）が高まるでしょう。何もかも教師がする必要はもちろんありません。子どもたちは一緒に学校をつくっていくメンバーなのですから。

▼生徒たちが学校の運営に関わる

生徒たちができるのに教職員たちがしてしまうことで、生徒たちの学びの機会を奪い去っていることが学校の中にはたくさんあります。

たとえば、受付、学校案内、調停役、学校理事会ないし運営委員会のメンバー、１３３ページで紹介した「本当の仕事を通した学び」などが含まれます。

欧米の学校を訪ねると、事務室の近くに椅子と机を持ち出して座っている生徒を見ることがあります。最初は、悪いことをして罰としてそんなところに座らされているのかと思いましたが、実は「一日受付」を担当しているのです。その生徒に、こちらの訪問の目的を伝えると、ちゃんと取り次いでくれます。

また、学校訪問をした際には、タイミングよく2~3人の生徒が校長室に顔を出して、校内を案内してくれることも頻繁にあります。

このような学校では、受付や学校案内は、小学校なら高学年、中学・高校ならすべての生徒が順番に役割を担っています。学校へ来るお客さんへの対応がしっかりできるようになることを、基礎・基本（基礎学力）と同じか、それ以上に大切な能力であると位置づけているからです。これらの役割を担うために、年に数回、授業を抜けることは、まったく問題になりません（当然、保護者たちの了解も得た上で実施しています）。

調停役や学校運営委員会とは、希望者がそのためのトレーニングを受けて、休み時間や放課後などにそれぞれの役割を果たすプログラムです。私（吉田）が実際に見聞きしたのは、中学・高校段階の取り組みだけですが、やりようによっては十分に小学校レベルでも可能だと思いました。

生徒たちは、このような学校内での「仕事」を通じて、授業では身につけることのできない様々な能力を身につけていくだけでなく、自分の学校内における役割意識や学校との一体感なども身につけていくわけです。

子どもたちができることを大人たちがしてしまわないということを、学校運営の条件として位置づけることは、とても重要な気がします。このことは、学校という場にあって、いったい「主役」は誰なのか、「脇役」は誰なのか、そして主役は何をし、脇役は何をすることが望まれているのか、などについても考えさせてくれます。

まず、受付や校内の案内を例に考えてみましょう。最近は、読み・書きだけでなく、聞く・話すの重要性が言われています（教科で言えば、特に国語で、ということになります）。しかし、授業というか教室の中の練習だけで、それらは本当に身につくのでしょうか？　学校にいながらにして、「本物」の体験をできるチャンスが来訪者への応対であり、案内なわけです。そのような体験をすることによって、聞くことや話すことの重要性を感じることができれば、国語などの授業でしていることにも熱心に取り組めるようになるかもしれないわけです。

そして学校にいながらにして、様々な人たちに出会えるというメリットもあります。教室の中にいる限りは、教師としか顔を合わすことはありませんが、たとえ学校を訪ねてくるのは限られた人たちではあっても、受付や案内をすることで様々な人たちとの出会いが生じます。

また、調停役は、生徒同士で問題・摩擦・ケンカが起きたときの調停役のことです。これも従来は教師がしてきたことですが、ある程度の練習さえすれば生徒たちでも十分にできますし、それに生徒たち自身が関わることから得られる学びには、計り知れないものがあります。調停役にとってはもちろんのこと、当事者たちにとってもです。

調停をする際の特徴をまとめると、次のようになります。

○調停役は、

いい聞き手である／どちらのサイドにもつかずに、公平である／事実を突き止めようとする／信頼される／気遣い、協力的である／安心して話せる雰囲気をつくれる

○調停役は、次のようなことはしない

どちらが正しいかの判定／何をすべきか、解決法は何がいいかの提案／他者についての発言

○調停には、

全員が自分の意思で参加する／全員、守秘義務を伴う／中立的に行う

○調停の当事者たちは、

問題・摩擦を解決しようと努力する／相手の発言を途中で邪魔せずに聞く／相手を見下したり、ののしったりするような発言はしない／正直に話す

○調停役が身につけないといけないスキル（技能）は、

傾聴（よく聞くこと）／中立的な質問をすること／判断を下さないこと／問題を別な言葉で言ったり、明らかにすること／安心して話し合える雰囲気をつくり出すこと／チームとして機

能すること

（引用・参考・*Rethinking High School*〈前掲〉60〜61ページ）

なお、調停役は高校レベルでも、一人ではなく、二人でするのが望ましいとのことです。調停役の姿勢やスキル（技能）として挙げたことは、ほとんどそのまま、生徒が学校運営の母体である学校理事会ないし学校運営委員会のメンバーとして参加するときにも役立つものばかりです。

生徒たちは、学校理事会ないし運営委員会にメンバーとして参加する以外にも、

- **ホームルームやアドバイザーとの時間（223ページを参照）で学校全体にまつわる問題を話し合う**
- **学校の規則や問題について生徒会で話し合う**
- **校務分掌などへ参加する**

などのシンプルな方法が考えられます。

生徒たちが学校の運営や決定に積極的に参加することは大切なことですが、学校の存在が生徒たちの学びにあることを考えると、生徒たちが自分たちの授業や学級運営に関わることこそ

が何よりも重要です(ある意味では、どちらか一方だけに力を入れて、もう片方は無視するというのでは、生徒たちに矛盾したメッセージを発信することになってしまいます)。

具体的には、次のようなシンプルな方法があります。

・どのような方法で課題を行うか、生徒たちが決める
・評価は生徒たちが自らする(152、162、175ページを参照)
・どんなテーマで学習するか、生徒たちが決める(101ページを参照)
・個人で、あるいはチームで自分たちの学習を管理する(93ページを参照)
・生徒たちが個別か、あるいはグループで互いに教え合う(128ページを参照)
・(どの先生の)どの授業を取るかを生徒が選択する(233ページを参照)

(引用・参考・*Rethinking Hight School*〈前掲〉90ページ)

パート2
なかなか変わらない学校をどう変える?

第7章

なぜ変わる必要があるのか？

教師が認識している学校の抱える課題

教師を対象にした数多くの研修の中で、これまでに「学校の課題は何か？」を聞いてきました。それらを整理する形で、まずは学校の当事者とも言える教師や校長が、どのような課題を抱えていると考えているかを紹介します。研修では各自で思いつく学校の課題を挙げられるだけ用紙に書いてもらい、提出してもらう形で進めました【図7】。

大きくは、

①教師が（学校という組織の中で）抱える課題
②生徒が抱える課題
③授業が抱える課題
④学校を取り巻く環境や社会との接点で抱える課題

の四つに分けられます。

教師が挙げた課題で、一番数が多かったのはどれだと思いますか？

「質的」な部分は別にして、少なくとも「量的」には④の「学校を取り巻く環境や社会との接点で抱える課題」と、②の「生徒が抱える課題」を挙げる教師が多く、次いで①「教師が抱

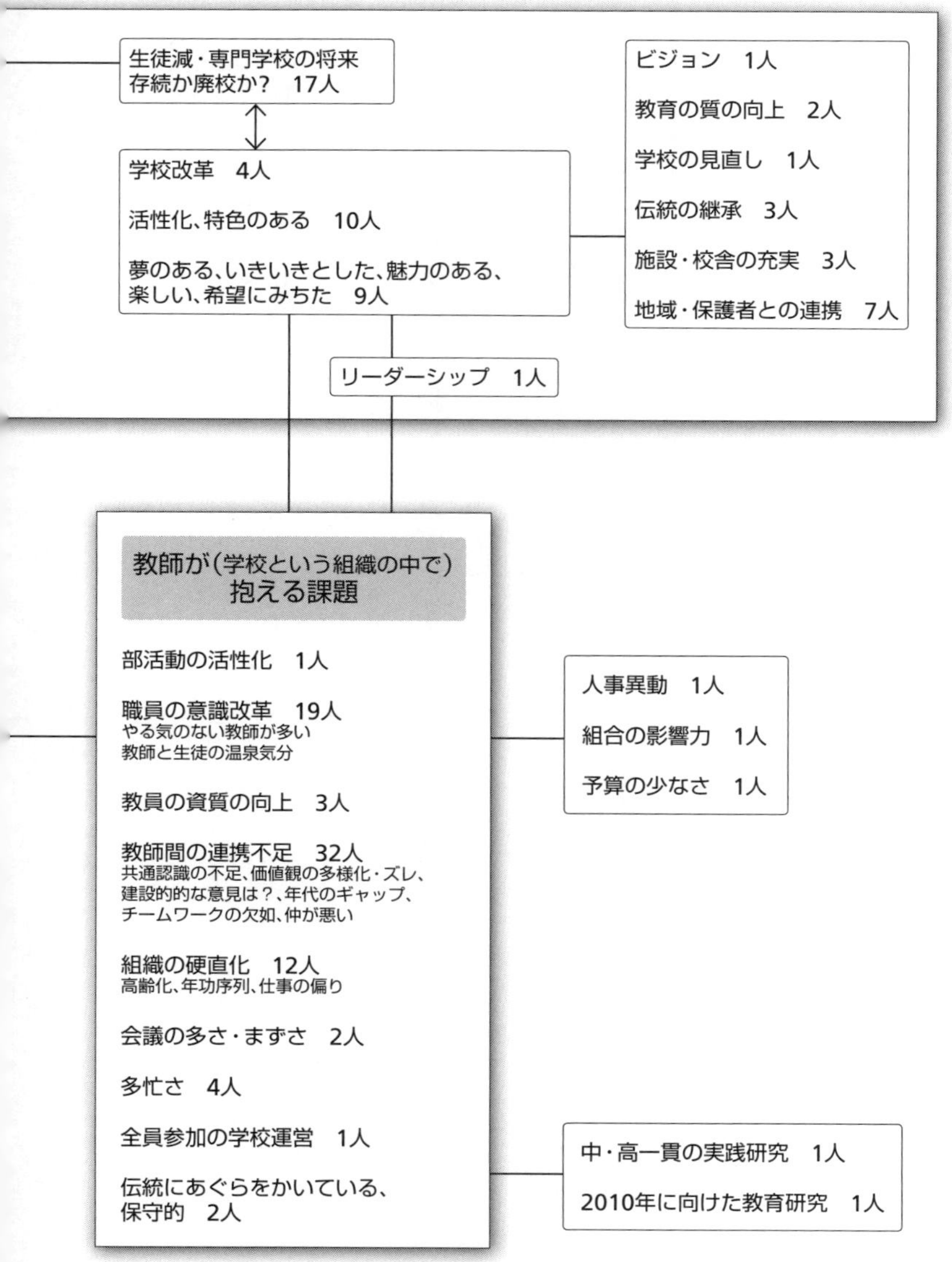
生徒減・専門学校の将来
存続か廃校か？　17人
学校改革　4人
活性化、特色のある　10人
夢のある、いきいきとした、魅力のある、
楽しい、希望にみちた　9人
ビジョン　1人
教育の質の向上　2人
学校の見直し　1人
伝統の継承　3人
施設・校舎の充実　3人
地域・保護者との連携　7人
リーダーシップ　1人
教師が（学校という組織の中で）
抱える課題
部活動の活性化　1人
職員の意識改革　19人
やる気のない教師が多い
教師と生徒の温泉気分
教員の資質の向上　3人
教師間の連携不足　32人
共通認識の不足、価値観の多様化・ズレ、
建設的的な意見は？、年代のギャップ、
チームワークの欠如、仲が悪い
組織の硬直化　12人
高齢化、年功序列、仕事の偏り
会議の多さ・まずさ　2人
多忙さ　4人
全員参加の学校運営　1人
伝統にあぐらをかいている、
保守的　2人
人事異動　1人
組合の影響力　1人
予算の少なさ　1人
中・高一貫の実践研究　1人
2010年に向けた教育研究　1人

対象：高校教師205人（中堅）

[図7] 教師が(学校という組織の中で)抱える課題

学校を取り巻く環境や社会との接点で抱える課題

自由度の高さ　1人

受験に活かされない、豊かな生徒を育てる、人間的な成長支援システムプログラム　3人

生きる力　5人

個性　5人

心の教育　3人

生徒の無限の可能性を見限ってしまう　2人

受験学力の向上　8人

受験教育と全人教育のバランス　5人

進路・進学指導　7人

生徒が抱える課題

自主性・主体性に欠ける　10人

生徒／生活指導　24人
しつけ・モラル・マナの一低下、
問題行動への対応

基礎学力の低下・確保　8人

不登校(9人)・退学者(5人)への対応

学習意欲の低下　29人
知的無関心、無気力、不本意入学

学力格差への対応　4人
(含適正就学)

生徒の多様化　1人

心身症への対応　1人

授業が抱える課題

教育課程の再編成　9人
新教育課程への対応　8人
生徒に即した　1人

わかる授業・教科指導　17人
自主的に学ぶ、意欲をもたせる指導法、
生徒の資質を生かした授業

コミュニケーション能力の育成　1人

環境教育　3人

同和教育　1人

ボランティア　1人

理数科の活性化　1人

評価方法　1人

生徒と教師のギャップ　1人

える課題」。一番少なかったのは、生徒と教師の接点の部分である③「授業に関する課題」です。

（なお、校長が意識している学校の抱える課題については、『校長先生という仕事』〈前掲〉の88ページの表を参照ください。）

具体的に、これらの中身を見てみると次のようになります。

④の「学校を取り巻く環境や社会との接点で抱える課題」は、

- **生徒減への対応**
- **魅力ある、いきいきとした、特色のある学校づくり**
- **地域・保護者との連携**
- **受験対策・進学指導と、全人教育のバランス**

が中心です。

②の「生徒が抱える課題」の中には、

- **学習意欲の低下**
- **生徒・生活指導**
- **不登校・退学者への対応**
- **自主性・主体性の欠如**
- **基礎学力の低下**

・**学力格差への対応**

が含まれています。

①の「教師が抱える課題」には、

・**教師間の連携不足**

・**教職員の意識改革の必要性**

・**組織の硬直化**

・**多忙さ**

・**教師の資質の向上**

・**会議の多さ、まずさ**

・**伝統にあぐらをかいている・保守的**

などが挙げられています。

そして、最後に③の「授業が抱える課題」については、

・**わかる授業、自主的に学ぶ授業、意欲をもたせる指導**

・**教育課程への対応**

が中心です。

聞くタイミングによっては、「いじめ」や「児童・生徒の殺傷事件」など、その時々にマスコミで大きく取り上げられる問題や、「資質・能力」「学校評価」「教員評価」「新学習指導要領」

「アクティブ・ラーニング」などの制度や方法の導入に教師の回答が集中するときもありますが、前記のリストが過去10年近く集めてきている教師の視点からの学校の課題です。

あなたは252ページの【図7】を見て、学校は変わる必要がある／学校は変わらなければいけないと思われるでしょうか？

今のままの学校であり続けていいとお思いでしょうか？

私たちは、どの項目一つとっても、今のままでいいはずはないと考えます。今のままであり続けることは子どもたちに対して失礼だからです。今学校が提供している極めて低いレベルの学びの質と量を当たり前と思ってしまっては、子どもたちに対して申し訳ないと思うからです。

このリストを、もう少し詳しく見ていきましょう。

これらの中で、教師が自分たち（つまり、学校）以外のところからもたらされていると思っている問題はどれでしょうか？

その多さに驚かれることと思います。少なくとも、④の「学校を取り巻く環境や社会との接点で抱える課題」と、②の「生徒が抱える課題」は全部そうであると言えますし、③の「授業が抱える課題」の半分くらいも、文部科学省や教育委員会から降りてくるものへの対応と捉えられます。ということは、リストの中のほとんどが、自分が望みもしないのに対応を迫られる

[図8] 教師が見た学校の課題

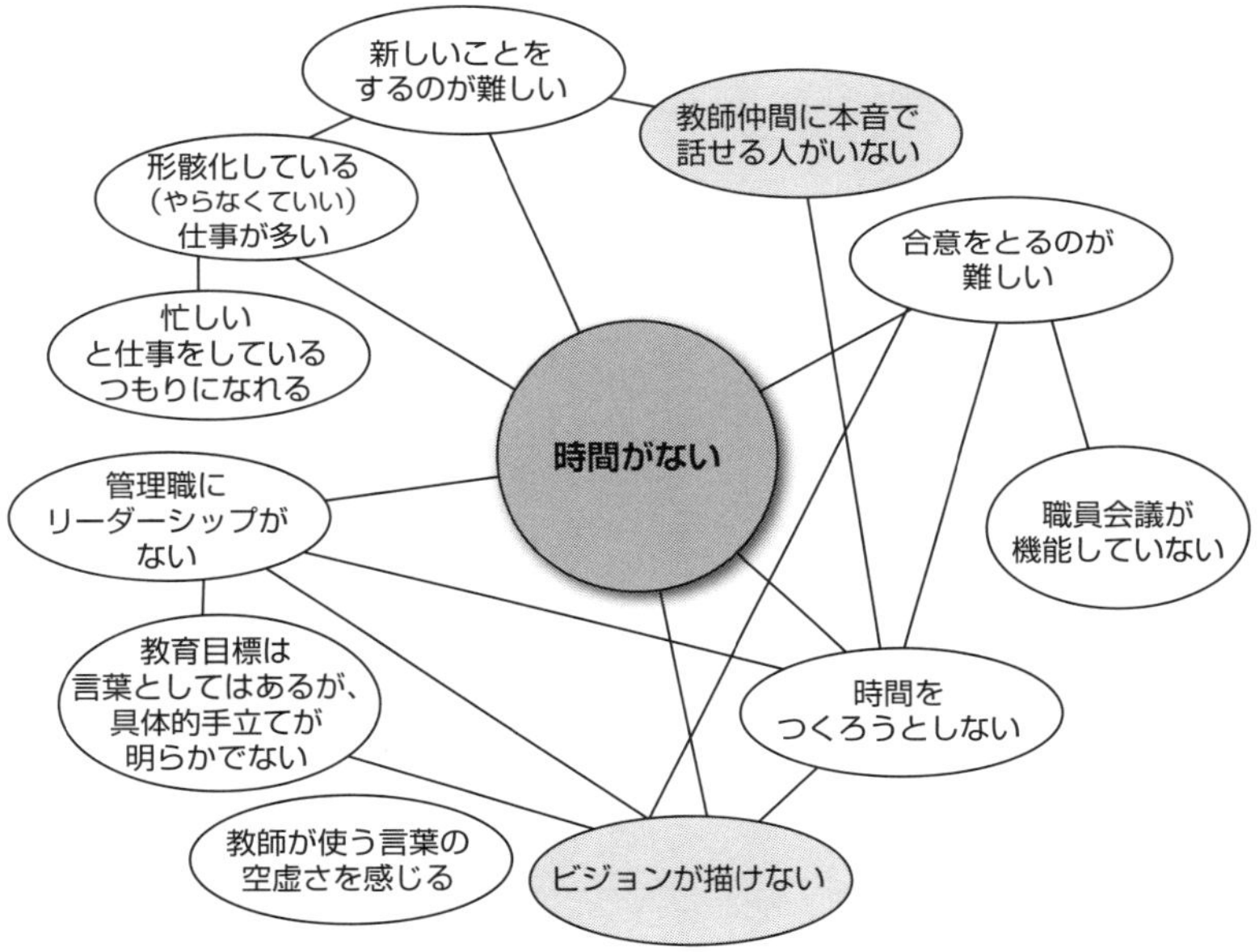

課題ばかりということになります。その意味では、当然極めて受身的な対応の仕方にならざるを得ません。

①の「教師が(学校という組織の中で)抱える課題」については、どうでしょうか?

聞き方のせいもあるのかもしれませんが、これらについても当事者意識が極めて薄いような書き方の項目になっている気がします。つまり、回答している人たちは少なくとも、その問題を自分は抱えていないし、それらの問題を指摘し続けているし、しかし自分ではどうにかなる問題ではない、といったニュアンスを感じます。

この①の課題が学校を変えるための鍵になると思われるので、図化してみると

【図8】のようになります。その図からは、「時間がない」「時間をつくろうとしない」を中心に、学校が悪循環に陥っていることが一目でわかります。この悪循環を断ち切り、好循環に切り替えることは、少なくとも一教師には荷が重いことのようで、私が過去30年近く付き合ってきた多くの（熱心な）教師たちは、変わらない学校に居続けるよりも、刺激を求めて学校の外に出ていってしまうという傾向があるわけです。

▼文献などが明らかにしている学校の抱える課題

次に、元管理職も含めた研究者たちが捉えている学校の抱える課題について整理します。彼らのほとんどは、学校の課題を示す部分と、学校の新たな方向性を示す部分の両方を出してくれています（課題は本項で、新たな方向性は次項で紹介します）。

単に課題を挙げて、それらを分析するだけではなく、それらが目指すべき方向性を明らかにするための手段として位置づけられていると、説得力が出るでしょう。特に、現状としての実態と「ありたい（あるいは、あるべき）姿」としての理想とのギャップが大きければ大きいほど、学校が変わらなければならないという説得力も高まります。

本項では、元管理職や研究者たちが「これまでの学校」「従来の学校」「20世紀の学校」「過去志向の学校」などという言葉でまとめている多くの学校が共通に抱えている課題を紹介します（327~328ページ「パート2の参考文献リスト」を参照してください）。

❖全体的な課題

・社会は大きく変わっているのに、学校は変わっていない。驚くほど止まっている

・企業を中心に社会が求めている知識・技能・態度などと、学校が提供しているものとの大きなズレがある

・教育を学校（教室）の中だけに閉じ込めておくのはおかしい

・教師だけががんばっても、もはやダメ

だからといって教師たちが努力をしていないわけではありません。しかし、している努力や時間のかけ方が、これまでと同じでは、よくなる兆しはまったくない、ということです。見直すべきことはたくさんあります。たとえばこの後に触れる、教える内容や教え方をはじめ、時間の使い方、評価の仕方、学校で当たり前のようにしている様々なことの評価とそれを踏まえた修正改善、保護者の責任や参加などです。

❖授業と学ぶこととの軽視

・子どもたちの学びの質も量も極めて貧弱なレベルに止まっている

子どもたちの学びをうまくつくり出せない。形式的な授業、こなす授業、真剣な対話や交流のない授業、教師の力が発揮されない授業。

教科ごとにブツギリにされた知識や技能を一斉授業の形で伝達される授業。

・学校で一番大切なはずの教える/学ぶという行為の軽視

軽視しているのは、教師のみに限定されず、教育行政に従事する人たちや保護者も含めて、すべての大人たち。

「忙しい、忙しい」と言っているが、いつも重要でないことで忙しく、子どもたちのよりよい学びは置き去りのままが続いている。

・入学時点の学びの質と量の差が卒業時点まで付きまとってしまう学校

今私たちがもっている学校は、すべての生徒のためには機能していない。

与えられたカリキュラムをこなすことに振り回されている学校。カリキュラムは、あくまでも教師が何を教えるか、子どもたちは何に〝さらされるか〟のリスト。子どもたちが実際に何を学ぶのか、ではない。カリキュラムは、子どもたちがよく学べるものなのかという視点では考えられていない(それこそ、本来は教師の最も重要な仕事!)。その結果、子どもたちは、カバーすること、テストに間に合うこと、テストでいい点を取ることという悪循環に突入していく。教えたつもり、学んだつもりのゲームが展開している。

結果的に暗記力を測ることが中心のテストが、評価の手段として大きな位置を占めている。

よって、常に正解がある学び方を強いることになる。間違いはよくないものとして捉えている。

・学びの目標が提供されず、教師もつくる努力を怠っている

本来、目標が明確でないとそこに向かって生徒も教師も努力できない。いい学びには、思わず引き込まれるぐらいに魅力的な目標（テーマやプロジェクトなど）が必要。

生徒たちの日々の生活の中で起こっていることと、学校での学びが関連づけられることは極めて稀（フリースローやシュートの練習ばかりをしていても、バスケットボールやサッカーはうまくならない！　本当の試合をすることこそが一番の上達の道。テストは「本物の試合」として不適切）。

・勉強することを学校時代に避けて通れない「苦役」として捉えている

教師の多くがそういう体験しかしていないので、同じことしか自分たちもできないでいる。

したがって、学ぶことを好きになる子は極めて稀。

勉強は一人でするもので、協力してするものではないと思われている。したがって、学ぶことは楽しくない。

❖生徒との関係の築き方の問題

・青少年問題の大きな原因の一つは、気にかけてもらえないこと／大切にされないこと

学校の雰囲気や人間関係がよく、安心・安全と思えないと、他のことすべてがうまくいかない。

そもそも、生徒をよく知らないと、よく教えられない。

生徒たちへの極めて低い期待しかもっていない（主体的に学べるとは思っていない）し、自立した人間・信頼にたる人間としても捉えていない。従って、規則や賞罰が重要な位置を占めている。これがまた、悪循環をつくり出す原因にもなっている。

・生徒たちの多くが、教師を相手にゲームをしている

生徒たちは教師を相手に「点数」ゲームや「いい子」ゲームなど、様々なゲームをしている。

いろいろな理由でゲームに参加しない／できない子どもたちは、学校を離れていく／いかざるを得ない。

❖教師の役割や捉え方の問題

・教師を教える人（＝知識の伝達者）として位置づけている

これは、教師や教科書に依存して行う極めて受身的なものとして「学習」を捉えていることを意味する。

教師は教えているので（伝えたので）、学べないのは子どもの責任にされる。したがって、授業の改善という方向に努力が向かうことは稀である。

・**教師の学びが極めて軽視されている学校**（教育制度）

他の専門職では考えられない。まったくと言っていいほど、学校は「学び続ける組織」になっていない。その理由の一つには、子どもを教えるのは簡単なことという思い込みがある。人に何かを教える（それも、「たくさんのまったく異なる人たちを同時に」教える）という行為は、世の中で一番難しい職業と言える。つまり、それだけ学ぶことも多いことを意味する。教師がバラバラでは、その人がすでにもっているものでしか教えられない。協力し合えれば、他の人の知識やノウハウも使って教えられる。学ぶ／教えるということに関して、協力することが極めて困難な状況にある。

❖学校という組織を中心に教育システム全体の問題

・**極めて序列的で、権威的で、硬直化した組織**

①同じ年齢の子どもたちは同じように学ぶ、したがって②同じ教科書、同じ教え方、同じ

テスト、同じ時間を提供すれば学べる、という到底成り立たない前提を掲げてシステム全体が動いている。

意見の一致と妥協が好まれ、意見の不一致や不必要な質問で波風を立てることは嫌われる。

・管理体制、こなす体制、無責任体制

従来の教室も学校も、管理を重視したレイアウトになっている。「自由」が感じられない学校および教育システム。

・生徒を信じないと同じレベルで、教師を信じない仕組み

性悪説にのっとってシステム全体が動いている教育。教師たちに主体的に考え、行動することをあえてさせないシステム。その上で、失敗したことは教師や学校のせいにする（教師が授業で生徒たち相手にしていることを、教育行政が政策面で教師や学校相手にしている。常に、最悪のモデルを示し続けているということ）。

・文部科学省、教育委員会、大学の方が、現場よりも常によりよいものを知っているという（間違った⁉）前提

教師や管理職が出してくれた学校が抱えている課題と大きく異なる点は、前記のリストの中の「授業と学ぶことの軽視」に対する指摘の多さです。この点からも、現場の教師たちが本来最も大事なものであるはずのものからどれだけ目をそむけているか、がうかがい知れると思います。そして、その大切な行為に極めて鈍感にもなってしまっているようです。仮に元管理職や研究者たちが指摘していることが正しいのであれば、学校で日々行われている授業は悲劇的な状況にあるということです。ちなみに、項目の中の一つは昭和30年代から50年代に活躍していた教育者の斉藤喜博（1911〜1981）が書いていたことですから、少なくとも数十年間は問題であり続けているわけで、状況はいっこうによくなっていないことも意味します。

「授業と学ぶことの軽視」以下の、「生徒との関係の築き方の問題」「教師の役割や捉え方の問題」「学校という組織を中心に教育システム全体の問題」は、すべて「授業と学ぶこと」に関連するものと捉えることができますから、元管理職や研究者たちの「学校が抱えている課題」に対する指摘は一貫性があるとも解釈できますし、焦点が絞られていると言えます。

▼これからの学校

次に、「望まれる学校」「21世紀の学校」「未来志向の学校」などという言葉でまとめられる「これからの学校」の特徴を整理して紹介します（327〜328ページ「パート2の参考文献リスト」を参照してください）。

❖身につき、かつ楽しい学びへの転換

・学び方を学ぶことの重視。学びをすぐに忘れてしまうような結果（テストの点数）としてではなく、プロセスとして捉える。主体的な学びこそが大切にされる。
・テストの結果ではなく、たとえば「自己形成」などが学びの指標として取って代わる。
・柔軟な構造。多様な出発点と学び方が提供される。できる子だけが学べるのではなく、すべての子が学べる。そのためには、必要とする子へのサポートが提供される仕組みがある。「学年」が影の薄い存在になり、多様な年齢の子たちが協力し合いながら学べるようになる。
・生徒たちは覚える知識を与えられる形ではなく、生徒たちがすでにもっている知識や経験を踏まえた形の学習が展開する。
・生徒自らの問いかけが重視される。
・教科や時間割のバラバラ、ブツギリから、教科の統合や柔軟な時間割に転換する。
・学びは学校で行われるものという捉え方から、どこでも行われているものに転換する。
・学校や地域に貢献ができることで、よく学べるようになる。
・マルチ能力や学び方のタイプをはじめ、脳の機能にのっとった教え方や学習環境が重視される（302～306ページを参照）。

[表14] 従来の学び方を維持した学校とこれからの学び方に転換した学校

アプローチ	関係	教え方	内容	学びの効果
伝統的（これまで）	教師中心 規則と賞罰	一斉授業・暗記 ワークシート	知識	テストまでは覚えており、それなりの点数はとれても、身につかない
これから	生徒と教師でつくり出す 教師はファシリテーターとコーチ	生徒主体の学び チーム学習	概念 知識 技能 態度	身につき、使いこなせ、自分の知っていることを証明できる

・学ぶことは、楽しい。
・協力して学ぶ。
・体験を通して学ぶ。体験したことを、振り返りや共有することでさらに学ぶ。
・教師も学習者。教師が学びの楽しさをモデルで示せる。学ぶことを心底楽しむ人たちの集まり（＝クラブ）として学校が存在する。
・正解アプローチから脱して、「間違わないとよく学べない」が受け入れられている。
・生徒中心の評価への移行。また、学ぶことが終わった段階での評価よりも、学ぶ課程での評価を重視し、教えることと学ぶことに絶えずフィードバックし、改善できるようにする。

【表14】は、従来の学び方とこれからの学び方を、わかりやすく比較した表です。

❖学び続けるプロの教師集団

・与えられたカリキュラムをこなすのではなく、目の前にいる子どもたちにとってベストの教える内容と教え方を真剣に、教師たち（ときには、子どもたちも交えて）が協力し合って考える。

・確実に言えることは、「いい学校は、いいクラスの集合体」であるということ。教師のクラスでの授業を改善するためのサポートがあまりにもなさ過ぎる。授業（＝教え方）が変わるには、教師相互のやり取り（授業の見合いっこ、話し合い、フィードバック、サポート）、そして「練習」が必要。

・優先順位をはっきりしてあげると、教えることに力を入れる教師は増えるはず。今は、何でもやらされている教師。そもそも「優先順位」という発想すらない。

・生徒のできと、教師の学び（成長）は比例関係にある。教師が学び続けていれば、自動的に生徒たちの学びもよくなっていく。教師が率先して学びたくなる様々な機会が提供されている。

・孤立の悪循環から、協力の好循環への移行。教師同士の協力→よりよい実践（授業）→自信→生徒とのよりよい関係→教師同士の協力

・チーム・アプローチを大切にする。バラバラでは、自分のもっているものでしか教えられないが、協力し合えば、他の人たちの知識やノウハウも使って教えることができる。

・102ページの「学びの原則」や302〜306ページの「脳の機能」の理解を踏まえた教え方ができるプロの教師集団。

・教師たちは、いつまでも学校改革の「対象」として扱われるのではなく、自分たちこそが「変化の担い手」という意識をもち、行動する。
・いいプロ教師集団を創れる管理職の存在。真のリーダーシップをとれる（教師のモチベーションを高められる）管理職がいる。

❖子どもたちと教師の学びをサポートする体制のあり方、関係の築き方

・管理することや指導することが目的の体制から、一人ひとりの可能性を解き放ち、元気づける仕組みに転換。
・画一・孤立・集中的・上下関係などに代表される体制から、個々のユニークさは大切にしながらも、関係、全体、ネットワークを重視する体制への移行。
・教師だけ（学校だけ）で一人相撲を取り続けるのではなく、生徒、家族、地域を巻き込んで変えていく。教育は、すべての人の仕事（共同作業）。
・子どもたちや教師がいい人間関係を築け、安心・安全と思える学校にするには、ポジティブな学校文化をつくり出す必要がある。もっと信頼し、責任も与えるべき。
・共有された（校長だけでつくったものでなく、みんなでつくった）ビジョンがある。それは数年で実現できるワクワクする（＝学校内外に自慢でき、多くの人を巻き込める）内容のもの。
・問いかけと振り返りを、何ごとをするときも大切にし、常によりよいものをつくり出して

いる。また、努力の結果は見える形で公表し、みんなで祝えるようにしている。

あなたは、これらのリストを十分に魅力的なものと思えましたか？　特に、２５９〜２６５ページと比較してどうでしょうか？

まだ納得できないという方のために、脳の機能を踏まえない学校と踏まえた学校を比較した表もつくってみました（３０６ページの【表17】参照）。これは、最近の飛躍的な脳科学の進歩が明らかにしてくれているものを、学びや授業に応用したものです。脳は、私たちの学びを中心的につかさどっている臓器ですから、その機能について知ることは私たちによりよい学び、授業、学校をつくり出すときのたくさんの示唆を与えてくれます。この点については、第９章でさらに詳しく触れることになります。

私たちはこれまで、子ども（や教師）を学校に合わせる努力をしてきました。そろそろ、学校が子ども（にと言うか、教師も含めた人間）に合わせるときが来ている気がします。私たちが学校よりも子どもを大切にしたいなら、学校を変える選択しかもっていないと思います。主役は学校ではなく子どもなのです。

（参考・本項の「これからの学校」で扱っている諸テーマについて継続的（毎週日曜日）にブログとフェイスブックで発信している「ＰＬＣ便り」がありますので、検索して覗いてみてください。）

第8章

なぜ変わら（れ）ないのか？

学校の変化を妨げている要因には様々なものがあります。まずは、それらについて気づき、理解し、その上でそれらを排除したり、弱める努力をしない限りは、学校は変わらないという現状が約束されています。ゆで蛙の例をひいて、変わらずに同じことをやり続けることは、「スロー・デス（ゆっくりした死）」にじわじわと突き進んでいると警告を発している人もいるぐらいですから、要注意です（「ゆで蛙」とは、鍋に入れられた生きた蛙は水の状態から少しずつ水温を上げていくと、飛び出すことをせずにゆで上がってしまう逸話からきています）。

学校の変化を妨げる七つの要因

学校の変化を妨げている要因を整理すると、次のようになるかと思います。

1 自分たちのせいではないと、責任を転嫁してしまう
2 ビジョン・優先順位・コミットメントの欠如
3 現行のシステム・制度・体制・関係のおかしさ
4 教師と教えることの軽視
5 管理職の育成の仕組みがない
6 変え方がわからないし、その測定も難しい

7 劣悪な職場・仕事環境

以上の七つの項目は、密接に関連し合っていますし、これら七つを項目として挙げた根拠となっている要因自体が複数の項目で位置づけられるものもあるので、正直、どのように整理したものか躊躇しましたが、わかりやすさを優先することにしました。

以下、それぞれの項目について説明していきます。

1 自分たちのせいではないと、責任を転嫁してしまう

教師たちが責任を転嫁する対象は、多岐にわたっています。

①入試重視の姿勢を変えようとしない上級学校や大学、②学歴重視を継続する企業、③反社会的な保護者やその子どもたち、④学校への期待や役割を明確にできない社会、⑤文部科学省や教育委員会の負の影響、⑥混乱に拍車をかけているマスコミの不勉強と無責任な報道などです。

これだけそろった上に、十分すぎるぐらいに忙しい状況に置かれていたら、教師でなくとも誰だって、自分たちで変えられるとは思えないのではないでしょうか。

たとえば、多肢選択式の入試が歴然と存在する中では、たとえ評価の仕方はテストよりも効

果的な方法がたくさんあったことを知ったところで、実際にそれらを導入することは困難であり、したがって教え方も変わらないという状況が続いてしまうことになります。家庭の理解や協力が得られないということについては、いろいろな要求（多くの場合、まったく正反対の要求）があるので、結局これまで通りの選択しかできない、ということも少なくありません。

しかしながら、入試にしても、学校への理解や協力を示さない保護者にしても、問題行動を起こしている生徒たちにしても、学校への期待や役割を明確にしない社会ですら、一つの学校から見れば、いずれも顔の見える対象として相手を特定することは不可能ではありません。

入試の場合は、卒業生の数よりはるかに少ない上級学校が想定されますし、問題を抱える保護者や生徒はさらに少なくなりますし、「社会」といっても、それは広く一般社会ではなく、学校に生徒を送り込んでいる（あるいは、生徒を輩出している）地域に限定することができます。

そうなると問題は、相手が変わるか、こちらが変わるかという問題ではなく、「どうすれば互いがコミュニケーションを図れるか」という問題に変化させることができそうです。

結果として現場を混乱させ、多忙化することに寄与してしまう政策や施策を策定してしまう文部科学省や教育委員会については、3番目で詳しく扱います。

2 ビジョン・優先順位・コミットメントの欠如

進む方向性や優先順位がはっきりしていないと、目の前に現れる仕事を満遍なくこなすことしかできませんから、【図8】（257ページ）で示した悪循環に陥っていくことは火を見るよりも明らかです。図にも示されているように、変化・改善のためのアクションを起こすことは極めて困難ですし、なかなか同僚と話し合う時間さえつくれません。目標や優先順位が明確ではありませんから、自分がこれだけは大切にしたいと思えるもの（＝コミットメントをもって取り組むもの）もなかなか浮かんでこず、したがって、前例に流されるのが一番楽だし、安全という状況に陥ってしまうのは当然の結果といえます。

ビジョンが不明確ということは、「誰のための、何のための変化なのか」や、「何を達成したいのか」ということをぼかしてしまう原因となり、本来中心テーマであるはずの「子どもたちのよりよい学びをつくり出す」ということが極めていい加減にしか扱われなくなってしまうことにもなります。それほどビジョンは大切なものです。

また文部科学省は、「これをやるとよくなる」というものの実施を次々に現場に迫ってきます（ポジティブリスト）。プログラミング教育、英語教育、キャリア教育、防災教育、教員評価、学校評価、いじめ対策、道徳教育、アクティブ・ラーニング等々、文科省からの次々の要求に、教育委員会や学校は「言われたからとりあえず実施しなくては」という受身のスタンスになってしまいがちです。しかし、時間や予算、人員など学校のリソース（資源）には限りがあります。一つ足されるたびに、必ずどこかへしわ寄せがいきます。

「昔は放課後、子どもたちと遊んだり、他愛もないことを話したりする時間があったけど、今はまったくなくなった」という話を、ベテランの教師からよく聞きます。まさしくこの弊害ではないでしょうか。しわ寄せの結果、本来時間をかけなくてはいけないことに十分な時間をかけられなくなる、次々に増えてくる要求もやらないわけにはいかないので、けちをつけられない程度に「こなす」、その結果、モチベーションはどんどん下がり、一番大切なものが犠牲になっているのが今の学校の現状です。

これもビジョン・優先順位・コミットメントの欠如が大きな原因です。と同時にこれは後述する教育行政の負の側面と大きくつながっています。

3 現行のシステム・制度・体制・関係のおかしさ

圧倒的多数の教師たちはまじめで、いい人たちばかりです。みんな一生懸命にがんばっていても

います。しかし、システムが悪いと、善良ないい人たちが一生懸命にがんばっても効果を上げ

られません。

日本にTQM(品質管理マネジメント)を紹介したエドワード・デミングという人が、確かこんなふうに言っていました。「システムが人の能力を決定づける割合は85%で、個々人の努力はわずか15%に過ぎない。したがって、いくら能力のある人も、ダメなシステムの中では機能しない」と。

この数字は、デミングが対象とした企業を調査した結果ですが、大なり小なり学校や行政を含めた非営利セクターにも応用できる数字ではないかと思います。要するに「システムが機能していないところでは、個人の努力はほとんど報われない」ということです。

このことは、学校で「校長が代わったら、よくなる」とか、役所で「部長が代わったら、よくなる」とか、部活動で「○○先輩と△△先輩がいなくなったら、よくなる」と言っていても、実際にトップが代わっても組織としては同じことをしているところが圧倒的に多いことからも理解できるのではないでしょうか。

さらには、自分が部下だったり、後輩だったりしたときは批判していたことでも、いざ自分が上司や先輩になったときには平気で繰り返してしまう人が少なくないという事実からも明らかです。

これは、していることが妥当なのではなく(なんといっても、部下や後輩のときはいやでたまらなかったのですから!)、システムの力とはそういうものだということの表れです。それによって、関わる多くの人がディパワー（元気をなくし）し、組織自体もディパワーしていたら、変えるべきなのですが、残念ながらそう簡単に変わらないのも組織ということです。

前置きが少し長くなりましたが、学校においてそのような負のシステムの力は、どういう形で働いているのでしょうか？　大きく二つに分けてみました。

①文部科学省と教育委員会の負の影響力の大きさ

ポジティブリストを増やし続ける文部科学省と教育委員会の負の影響力は絶大です。何よりも、教師（や学校）を無力な存在として捉えている傾向があります。これは、明治時代の初期に学校制が始まったときからの負の遺産と言えるでしょう。したがって、変化は押しつけない限りは、始まるはずがないという思い込みがあります。

「教員の資質の向上が大切だ」とは事あるごとに書いたり、述べたりはしていますが、具体的にどうすることで教員の資質が向上するのかをわかっている人がいるようには思えません。教員研修のプロや教師教育のプロが教育行政を担っている人たちの中にいないので、長年効果のない、極めて評判の悪い研修を繰り返し行ってきています。たとえば、各校一人ずつの参加を求めるような研修は、何十年やっても効果を上げることは期待できません。たとえインパクトのある研修が受けられたとしても、職場で同じ体験を受けていない同僚たちを動かすことなどできるはずがないからです。

予算や人事権が学校に与えられていないことも問題です。現場のニーズとは関係のないところで決まりがちなので、それを受け入れる立場にしかない教師や管理職が元気になれるはずがありません。管理職の力量の問題は、そのままそれを管理している人たちの問題でもあるわけです。現行のシステムで成功した人たちが、システム自体のトップに立ち、システムを管理しやすい形で、維持しているという図式が当てはまることもわかります。

しかしながら、こうした上からの管理や政策の押しつけは、なかなかうまくいきません。なぜなら、教師たちの多くは、「いろいろ上から言われてたけれど、結局、変わらなくてもなんとかなった」という〝成功体験〟をもっているからです。それは何よりも「不易と流行」という言葉に表されています。たとえ「流行」という嵐が吹いても、しばらくすれば平穏な「不易」に戻ると思っているのです。

さらには、長年押しつけられる政策の歴史によって、自分たちで変えられるとも、変える必要があるとすらも思えなくなっている教師が少なくありません。「学習性無力感」の一つかも知れません。

この悪循環は、文部科学省や教育委員会が学校に導入しようとしている自己改善（ＰＤＣＡ）のサイクルを、まずはしっかり自分たち自身が実施し、モデルを示す必要があることを意味しています。自分たちが変われないのに、学校だけに変わることを要求したところで無理な話です。

② 一回やり始めたことは、繰り返す仕組みしかもたない

ひとことで言うと、学校を含めた教育界全体が、自己改善能力をもたずに、一回やり始めたことは、よほどのことがない限りひたすら繰り返すだけの悪循環に陥っています。

それは、個人のレベルでそうですし、教科のレベルでそうですし、学年のレベルでそうですし、各校務分掌のレベルでそうですし、行事レベルでそうですし、学校レベルでそうですし、教育委員会や文部科学省の組織レベルでもそうです。

その理由には、前例主義、協働文化のなさ、はびこっている横並びや悪平等主義、そして人事などが挙げられます。

教員研修などは、その代表的な例の一つと言えるでしょう。教育委員会や教育センターの研修にしても、校内研修にしても一回やり始めたら、その方法が効果的なのかどうかなどお構いなしに、ひたすら繰り返すだけです。もうすでに麻痺してしまっているようで、本来の目的が何であったのかも忘れてしまい、習慣として行うことになりがちです。

校内研修を例にとって、もう少しその仕組みを詳しく見ておきましょう。日本の学校における「校内研究」は、その内容、つまりどの教科を対象にするか（たとえば、体育、国語の作文など）、あるいはどのような授業を目指すか、内容論、方法論の検討に終始してきました。これは必ず

しも悪いこととは言えません。しかしその一方で、研究体制をどのように構築していくべきか、教師間の人間関係をどのようにつくっていくか、どのように研究を進めていくか、という組織のあり方や、研修の進め方(方法)、すなわち形態論への意識が極めて弱かったと言えます。日本全国、多くの学校が似たような校内研修・研究の方法をとっているのは、ある意味驚くべきことです。それくらい、従来のやり方に疑問をもたずに習慣として続いているのです。パート1の第1章と第2章では、私たちが知っている50以上の方法の中から16を紹介しています。教職員の学びをつくり出す際におすすめなのは、『「学び」で組織は成長する』〈前掲〉と『ペアレント・プロジェクト』〈前掲〉です。前者は、世界で取り組まれている教師の資質向上の方法の中から厳選した方法が紹介されています。後者には、大人が学ぶ際の原則を押さえた形での研修プログラムとはどういうものなのかに気づかせてくれます。

若干系統は違いますが、管理職と教師を敵対関係として捉える傾向なども「習慣」の一つと言えるかもしれません。

こうしたことは、すべて学校という社会の孤立性や閉鎖性に原因があるのかもしれません。学校以外の社会(というか人間)との接点が乏しく、また積極的に様々な情報を集めようとしなければ、変わるための動機づけなどあるはずもありません。ましてや、「子どもたちにとって、よりよいものを常に提供する」といったビジョンがなければ。

4 教師と教えることの軽視

教えることは、極めて簡単なものと捉えられています。ある意味では、大学生のアルバイトでもできてしまいますから（もちろん、学校の先生としてではなく、家庭教師や塾の先生としてですが）、無理もないことかもしれません。

そのような視点に立って、教育行政も教師を、単に教科書をカバーする容易に取り替え可能な「教育公務員」として軽視している傾向があります。それが、時間講師の増加に表れています。教えるということは、おそらく、人間がつくり出した職業の中で最も難しいものかもしれないのに、です。

そのように扱われる教師の側も、自分が成長しなくても／学ばなくても子ども相手の授業は成り立つ、と思い込んでしまっている節があります。相手が子どもたちですから、ごまかそうと思えば、それなりにごまかせてしまえるわけです（少なくとも、表面上は。その実情を、子どもたちはすっかりお見通しなのですが）。

かと言って、「自分がしていることに自信があるわけではないので批判はこわいし、自分はもう変われない」と思い込んでいる人も少なくないようです。さらに、学級王国という言葉があるように、何でも一人でやらなくては、と思っていて「助けを借りること、教えを請うことは弱みを見せること」という捉え方がまだ濃厚に残っている世界です。それは先ほど言及したシステムが引き起こしている問題とも言えます（たとえば学級担任制など）。

また、教師の中にはあまりにも高い理想を掲げてしまっている人も少なくありません。そうなると、理想と現実のギャップに悩まされ続けますから、ますます殻に閉じこもってしまう可能性があります。

このように外と内の両方から教師という仕事や、教えるという行為を軽んじたり、等身大で見られない傾向が強く存在しています。それに輪をかけて、システムとして「プロの教師」になっていく仕組みが用意されていません。教師たちが研修を通じていい体験ができないということは、教師たちが授業で子どもたちにいい体験をさせることができないこととコインの裏表の関係にあることを意味します。教師たちが授業で子どもたちにはいい体験をさせ続けているのに、自分たちが学ばせられる側になったときは、悲惨な体験をさせられ続ける、というのは不思議な話です。基本的には、授業も研修のレベルでしかない、と解釈するのが妥当でしょう。両者は入れ子構造なのです。逆に言えば、教師の学びの体験が変われば授業も変わっていく可能性があります。

5 管理職の育成の仕組みがない

教師の仕事を軽く見ているのと同じ次元で、校長や教頭の仕事も軽視され続けています。基本的には、学校で20～30年過ごせば、誰でもなれるもの、と思われている節があります。年季以外に明快な選考基準が見出しにくいからかもしれません。

実際、関係者からは「友が友を呼ぶ世界だ」と聞くことがあります。要するに、校長に受けのいい人が推薦を受けて、その管理職になっていくのです。一方で、熱心な先生たちから、「なってほしいような人が校長になっているケースは極めて稀だ」とも聞きます。このように選考の問題がまずは存在します。管理職が魅力的な仕事に見えずに、その志願者が都市部を中心に減っていることも問題です。

現時点では、管理職になった後も、なる前も、学校の経営者になるために必要なトレーニングは提供されていないといっても過言ではありません。先に触れた教員研修とまったく同じ状況が管理職研修でも歴然として存在するということです。たとえば、２０００年を過ぎたころからスクール・マネジメントをテーマにした研修が導入されていますが、方法論の部分は依然として軽視されていますから、実際に役立てられる人は少ない状況です（スクール・マネジメント研修が導入されて、いい学校が増えたり、学校で働きやすくなったりという話は聞きませんが、学校経営の実態はますます深刻度を深めている方の話は聞きます）。

「学校は、校長次第」とは教育に携わる人たちのみならず、外部の人たちの多くも思っていることです。そうであるならば、校長になる前も、そしてなった後もプロの管理職になるため（あるいは、あり続けるため）の仕組みは不可欠と言えます。

しかしながら、学校のリーダーを管理職だけに限定する必要もありません。管理職と同じレベルで、主幹教諭、教務主任、学年主任、生徒会担当、研究主任などのミドル・リーダーを学校変革の担い手と位置づけ、必要なサポートを提供することは極めて重要なことです。組織が変わるのは、一人のやる気のある人の行動によるわけですが、その人も臨界点といえる15～16％の仲間を獲得できない限りは、組織全体の改革は成し遂げられませんから。その意味でも、ミドル・リーダーたちは大切な存在です。

6

変え方がわからないし、その測定も難しい

たとえ変わる必要があると思った人にとっても、役立つ情報が絶対的に乏しい状態にあるのが今の日本です（英語を使ってインターネットの世界に踏み込めば、その問題は瞬時に解消してしまうのが情報社会のいいところではありますが、まだ利用している割合はそれほど多くはありません。今回この本を出そうと思ったのは、まさにこのギャップを埋めることが目的でした）。

日本の教育出版社や研究者には、教師や教育に関心のある人たちが読める質の高い情報を（本や雑誌の形はもちろんのこと）もっと積極的に発信していってほしいと思います。

とはいっても、一方で私たちはみんなが実践者でもあります。その意味では、みんなが情報の発信者でもあるということです。しかしながら、コミュニケーションと協力の欠如が横たわっているので、身近にいる人たちとでさえなかなか情報交換ができていないのが現状です。隠れた情報の宝庫を活用するのか、しないのかは、私たちの意思とコミュニケーション能力に関わっています。

もう一つ問題として挙げられるのは、たとえ変化の努力をしたとしても、子どもの変容・成長が表れにくい、ということです。これは、「教育は30年とか、40年先にならないとわからない」という古くからの言い回しに左右されているところがあります。

教師たちが評価のことをしっかり理解できるようになれば、この問題は解消していくでしょう（『テストだけでは測れない！』〈前掲〉、『成績をハックする』〈前掲〉、『一人ひとりをいかす評価』〈C・A・トムリンソン著、北大路書房〉を参考にしてください）。

7 劣悪な職場・仕事環境

「職員室」を知らない人はいないと思います。あれも、「教師がいるところはあんなもん」という習慣化されたスペースです。あれが、教師にとって、子どもたちにとって、効果的なスペースなのかどうかということは、ほとんど考えられてこなかったのではないかと思います。習慣化すると思考は停止したままになります。

翻ってあのスペースの効果というか、教師にとっての妥当性を考えてみると、どうでしょうか？「プロ」がいるような場だと思えますか？

あくまでも、管理されることに慣れた「教育公務員」たちが居合わす場所ではないでしょうか。どうみても「プロ」には失礼な場所としか言いようがありません。あのスペースを提供する側も、提供される側も、「あんなもん」と思い込んでいるのです。スペースは人をつくり出すことも忘れてはなりません。それは、教室という子どもたちのスペースにも言えることです。

職員室は本来、教師が効率的に仕事ができるだけではなく、学び合ったり、対話を促すようなスペースであるべきです。企業では居心地の良さと仕事のしやすさを考慮したオフィスデザインのさまざまな工夫が行われはじめています。学校の職員室も「居心地の良さと仕事のしやすさ」の視点から改善できることは山のようにありそうです。

経済協力開発機構（ＯＥＣＤ）が加盟国の教員に行った勤務や指導環境の調査（２０１３）では、日本の教員の仕事時間は１週約54時間で、参加国平均の約38時間を大幅に上回っていました。

授業時間も年々増え、授業準備の時間を勤務時間の中でほとんど取れないことは常態化しているのが現状です。にもかかわらず、部活などの課外活動時間は、ある調査では週平均2時間を超えるなど、多忙化に拍車をかけています。会議や部活を終え18時過ぎからようやく授業準備に取りかかれる、あるいは家に持ち帰って仕事をする他ないのです。ある種、教師の献身性と善意に支えられているのです。

このように物理的に学ぶ時間、研修する時間、授業準備をする時間が保障されていない上、教師のＩＣＴ環境も極めて貧弱です。使いにくい教務・校務システム、ＷｉＦｉの未整備、過剰なセキュリティで日常的に授業でＩＣＴが使えない環境など、効率的に仕事をすることを阻んでいます。未だアナログな事務作業（手書きの文化）も多く残っていて、ペーパーレス、事務仕事の効率化からほど遠い状況です。

私（岩瀬）がアメリカの学校に視察に行った際、小学校低学年ではタブレット端末（iPad）を一人1台当たり前のように使用し、小学校中高学年、中学校ではノートパソコン（Chromebook）を一人1台、これも当たり前のように使用していました。レポート等もネットを介して提出し、教師はこれにネットを介してフィードバックできます。評価や成績もネットを介して保護者と共有できます。生徒も教師も当たり前のようにＩＣＴを使っている状況を目の当たりし、日本とのあまりの違いに驚きました。またある学校では勤務時間の中に、授業の相談（ティームティーチングで行われていました）の時間が毎週設けられていました。いい仕事をするための「時間」の確保がされているのです。これもまた日本との違いに驚きました。

私が初任者だった25年前とほとんど変わらない職員室と仕事環境。プロとしていい仕事をするためのソフト・ハードの充実、やれることは山のようにありそうです。

第9章

変わるのに必要な七つの方法

なかなか変わらない、変われない学校が変わるために必要なことは何か？

変わるためのシンプルな方法をパート１で数多く紹介し、パート２の第７章と第８章で変わる必要性や変わらない理由を考えてくる中で、現時点で私たちが整理したことを紹介します。

▼学校が変わるために必要な七つの方法

大きくは、七つです。

1 何よりも、教師が子どものために学校を変えられる存在は自分たちしかいないという主役意識をもつ ―― 教師の変化
2 学校改善の核は、教えることと学ぶことのプロセスを改善し続けることである。それを可能にするには、教師の学びを最優先する
3 「学ぶこと」の理解と、それを踏まえた教え方への転換
4 「変化」についての理解
5 学校レベルの変化 ―― 校長の変化
6 文部科学省と教育委員会（プラス政治家、有識者）は、自分たちの立場や役割を認識する
7 保護者や地域は、学校の「大切な友だち」になる

1
教師が、子どものために学校を変えられる存在は自分たちしかいないという主役意識をもつ――教師の変化

まず確実に言えることは、**他の誰も学校をよくしてくれない**という歴然とした事実です。文部科学省や教育委員会（プラス政治家や有識者も）が何かしてくれるわけではありません。外的環境、外的要因が自然に劇的によくなることはないのです。

要するに、**自分たちしかいない**という明快な事実です。自分たちこそが**主役意識**をもたない限りは、悪くなりこそすれ、よくなることは期待できないことを肝に命じることです。

言い換えれば、**システムは変われ（ら）ないので、その中の人間が変わるしかない**ということになります。もちろん、自分もそのシステムの一部ではあるのですが、あまりにも大きすぎるシステムは、自己改善能力の不全を起こしてしまっています。このことは、スケールが大きくなればなるほど、言えることです。国や都道府県のレベルなど、スケールが大きいところでは、まったく異なる利害や現状認識で動いているとしか思えないことがまかり通っています。

そうなると、自己改善機能をもてるスケールで事にあたっていくのが、ゆくゆくはシステム全体をも改善していく最も確実で、しかも近道とも言えます。そのスケール（規模）とは、何よりも個人のレベルであり、チームのレベルであり、学校のレベルであり、いいところ市区町村の教育委員会のレベルです。

［図9］自分の実践を磨く

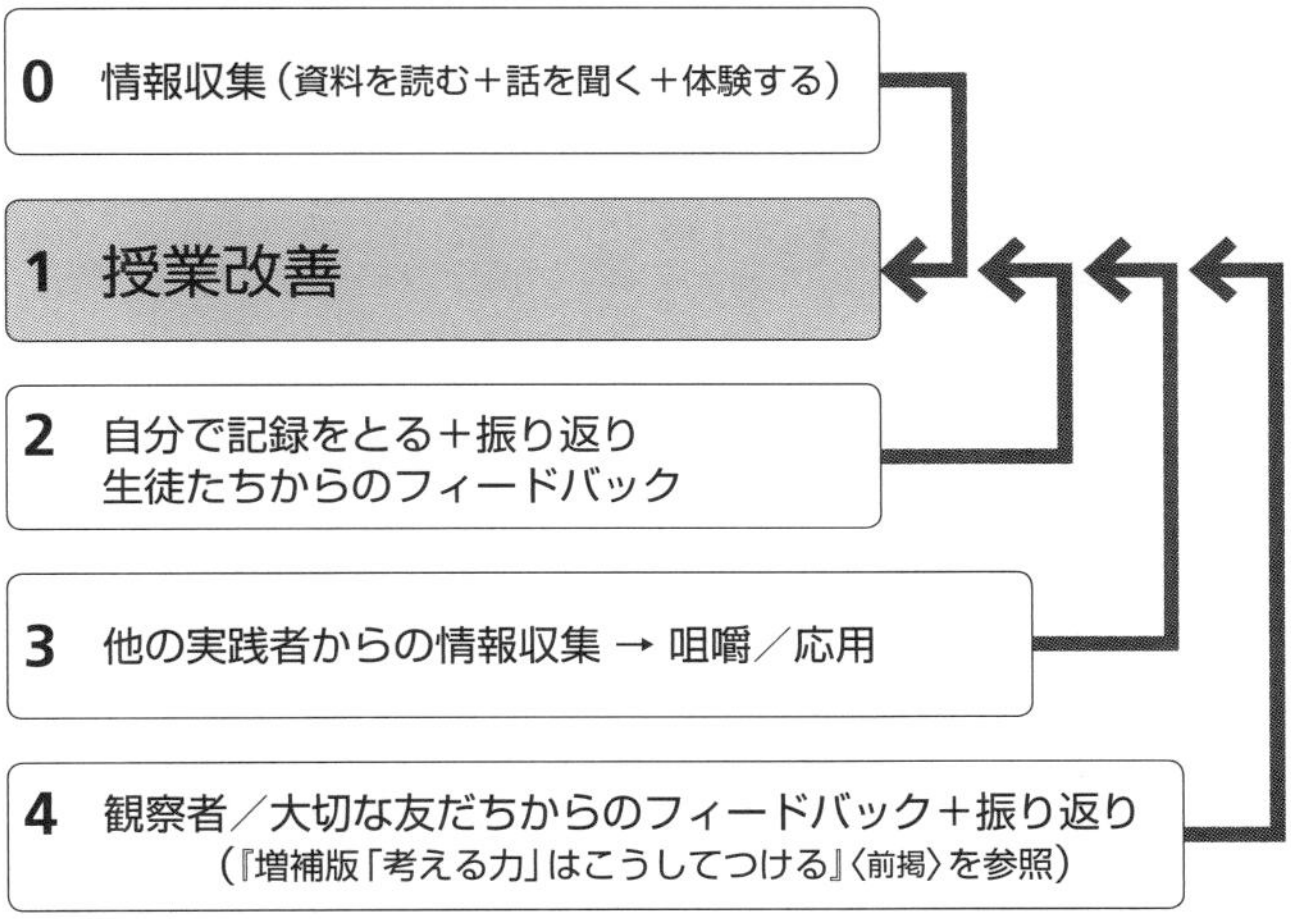

そして間違いなく言えることは、個人の場合はもちろんのこと、いずれのスケールにおいても**一人ひとりが変化の担い手だということです。そのときの動機というか、核に据えられるのは、子どもたちのためにベストを尽くすことと、自分がプロになるため／プロであり続けるためにベストを尽くす**ということではないかと思います。これら両方とも、終着点はありませんから改善をし続けることになります。

子どもたちを相手に教えるということは、新しいことを試し続けることも意味しますから、そのためには常に学び続けることが教えることになります。その意味でも、教師こそが教育改革の鍵を握っているわけです。

一人ひとりの教師が自分の中の変化（成長）の必要性を見出せれば、新しい情報、実践、出会いを求めることになり、それが自分の実践を変え、そのことを今度は自分から情報として発信することで、さらなる情報や実践や出会いをもたらすという、好循環を生み出すことになります。そのように、**「自分を変えることによって、無限に近いような可能性をもつ」ことになるプラス思考という成長思考をベースにすることで、一人から始まる変化のサイクル**が、周囲に広がっていくことになります。

これを図にまとめると、**【図9】**のようになります。チームレベルや学校レベル、せいぜい教育委員会レベルぐらいであれば容易にイメージできる人は少なくないと思います（あとは、志を同じくする遠方の仲間です）。

2 学校改善の核は、教えることと学ぶことのプロセスを改善し続けることである。それを可能にするには、教師の学びを最優先する

学校改善の核は、教えることと学ぶことのプロセスを改善し続けることというのは、先の「子どもたちのためにベストを尽くす」ことと、「自分がプロになるため／プロであり続けるためにベストを尽くす」ことを別な言い回しにしたに過ぎません。

そのために最も大切なことは、教師自身が学び続けることです。**教師が学んでいないのに、よく教えることはできません**から、当然子どもたちもベストを尽くして学ぶこともできません。つまりは、教師の学びが一番大切だということです。それこそが子どもたちの学びを左右する

一番大きな要因であって、教科書でも、時間割（時数）でも、テストの結果でも、成績でも、学校評価でも、教員評価、クラスの児童・生徒数ですらありません。

ここで**教師の学び**という言葉を使い、あえて「研修」を使わなかったのには理由があります。研修のイメージがあまりにも悪すぎるからです。多くの教師にとって、研修は「退屈、眠い、感動がない、強制的、権威的、発言に気を遣う、興味がわかない、無駄な時間を過ごしたと感じる、子どもたちに還元できない、一方的に講師がしゃべる、よくわからない内容を強要する、役に立たない」ものとしてリスト化され、位置づけられています。

これでは、時間とお金を費やして行うよりも、行わない方がましと言えます。理由は、教員対象の研修がそれを受けている教師たちが教室で日々行う授業の悪いモデルになってしまっているからです。子どもたちに授業のイメージを聞いたら、教師たちが研修という言葉から連想する前記のリストとほぼ同じリストを出してくれます。

そんなことをいつまでも繰り返しやり続けるわけにはいきません。ちなみに、会議も同じです。**構造的に、会議も、研修も、授業も同じです**。研修や会議は最悪のものを実施していながら、授業だけは問題がないということはなかなか考えにくいことです。基本的には、同じ人たちがしているのですから。

私（吉田）が教育に関わり始めて35年ぐらいになります。主に教員研修を通じて学校や教育委員会や文部科学省と関わる中で30年近く前に気づいたことの一つに、わが国には教員研修（ないし教員の学び）のプロが一人もいないということがありました。これは、大きな驚きでした。一番大切なはずの教師の学びをつくり出す情報やノウハウをまったくと言っていいほどもたずに、あまりにも多くの時間と予算をドブに捨てるようなことをし続けているのですから（残念ながら、その状況は今もあまり変わっていません）。

教育センターや教育委員会に呼ばれて行くごとに研修を担当している指導主事に、研修をよくするための情報をどこから入手しているのか聞きましたが、答えられる人は一人もいなかったどころか、逆に「そんな情報があるのならぜひ教えてください」と言われてしまいました。その結果、何十年前につくられたのかわからないようなプログラムが、平気で今も行われているのが現状です。同じことは、校内研修にも言えます。これらはすべて、その効果が検証されることもなく存在し続けている悪しき習慣です。

確かに、内容面について精通している人（プロ？）はたくさんいるのかもしれませんが、その提示の仕方まで伴ってもっている人はまだ極めて稀だということです。教える・学ぶという行為は、①内容、②方法、③提示される（ないし、その学びが生まれる）状況の三つで構成されるわけですが、――それが教師対象の研修であれ、子どもたちを対象にした授業であれ、あまりにも①の内容を重視しすぎるのか、ほとんど②の方法と③の状況（コンテキスト）は無視ないし軽視されたままなので、よく学べない状態が続いているということです。

先に書いたプロが存在しないという意味は、これら②や③まで踏まえて①も扱える人がいないということです。教師の学び（と同時に、子どもたちの学び）をつくり出す際には、これら三つに配慮することが欠かせません。たとえば、②の方法については、講師の話を聞いて学べる人も中にはいますが、話し合う方がよりよく学べる人、活動した方がよりよく学べる人などへの対応も迫られます。あるいは、一人で学ぶことが得意な人、二人ぐらいがいい人、チームの方がいい人など、人数やチームを構成する相手なども、学びを促進したり妨げたりする要因としてとても重要なのです。それは、①の内容がどれだけ学べるかを左右するからです（詳しくは、次ページの「学ぶこと」の理解と、それを踏まえた教え方への転換を参照ください）。

一人でも、二人でも、チームでも可能と書きながら、やはり仲間がいた方がよく学べます、と言うのはおかしいと捉える方もいるかと思いますが、実際、多くの人は、**仲間の存在**こそよく学べる条件の筆頭の一つに挙げています。

確かに、自分で失敗を恐れずに新しいことを試し、試したことを振り返り、それを改善に結びつけて、さらに試してみるというサイクルはすべての基本です。誰もが、このプロセスを自分の中で構築しない限りは、教えることと学ぶことのプロセスを改善し続けることはできません。しかしながら、このプロセスを一人だけでやり続けるには、人一倍の努力が必要です。それを和らげてくれるだけでなく、楽しいプロセスにしてくれるのが、仲間です。他の人の実践から学ぶこと、振り返りを一緒にすること、フィードバックを互いにし合うこと、自分では入手できない情報をもらうこと、まったく異なる視点を提供してもらうことなどから、学びが何倍にも膨らむだけでなく、自分が相手やチームのメンバーに寄与したり、貢献したりすることを通して元気になれますし、さらなる新しいことへの挑戦のエネルギーももらえます。そして、こうしたプロセス全体を通して、一緒に学び合える関係が築けるということが、仕事を楽しくする極めて大切な要素になります（295ページ【図9】を参照）。そして、校内に仲間が増えていけば、学校が変わっていきます。

3 「学ぶこと」の理解と、それを踏まえた教え方への転換

学ぶことについて理解する一つのいい方法は、**「自分はどんなときによく学べるか？」**を考えてみることです（私が考え出したリストは、『「学び」で組織は成長する』〈前掲〉の205ページで紹介しています。あなたもじっくり自分の学び方を振り返ってみることで、同じようなリストが必ずできるはずです。一人で出すのはあまり楽しくないと思われる方は、数人の同僚に呼びかけて、お互いの書き出したものを紹介し合うことで、一人が時間をかけて出すリストとほぼ同じようなリストが短時間でできあがります。参考までに、大学などの研究者、高校教師、そして大学院生たちの集まりで16人が出したリストを【表15】として紹介しておきます）。

驚くべき事実は、小学校から大学まで、そして教員研修を含めた成人教育の場でも、これら

[表15] 私たちはどんなときによく学べるか？

・学んでいることが楽しいと感じるとき。おもしろいと感じたとき。理屈なしで楽しいとき

・その行動自体にワクワクしている自分に気づくとき

・誰かに教えているとき。人に伝えたいと思うとき。他者にわかるように説明するとき

・目標があるとき。学ぶ意味がわかっているとき

・真剣に（じっくりと）取り組める余裕があるとき（時間的、精神的）

・周りの雰囲気がよいとき。チームで学んでいるとき

・認められたと、感じたとき。ほめられたとき、励まされたとき。好評価を短いフィードバックでもらえるとき

・異質な視点からの意見に出合ったとき

・刺激的なものや新たな関心（好奇心）をかき立てられるものに出合ったとき

・学んでいる実感があるとき（成果が見えるとき）

・自分の中にある課題が明確であり、それを改善したいと思えたとき（必然性のあるとき）

・何かを発見したとき。応用しようとするとき

・少し困難と思われることをし、それを克服できると確信したとき。達成感をもてるとき。

・自分が思ったように行動し、それがうまくあてはまったとき

・自分が足りないものがあると実感したとき。課題が見つかったとき

・自分が抱いている疑問を他人にぶつけたときに、その疑問に関心を向けてもらえたとき

・期限があるとき。時間に追われているとき。時間が限られているとき

のリストのほとんどが満たせていないことです。どうりでなぜ何も残っていないのか（＝よく学べなかったのか）、見事に納得できてしまいます。

せっかくリストをつくり上げたのですから、ぜひそれらをできるだけ満たす形での学び方や教え方をしていくことを心がけてください。そうしない限り、私たちはよく学べない（子どもたちには、よく学べる形で教えられない）状態が続いてしまいます。それは、なんとしても避けなければなりません。なお、そういう学び方や教え方の具体例は、パート1の第3章や第4章を中心に、パート1全体で紹介しています。

他にも、学ぶことについて理解を深める方法はいくつかあります。

①学び方のタイプ

パート1の117ページで述べたように一番簡単な学び方のタイプ分けには、四つの種類があると言われています。

あなたは、（1）「見て、聞いて、読んで」タイプですか？（2）「じっくり考える」タイプですか？（3）「動いたり、試したりする」タイプですか？それとも、（4）「フィーリング（感情・直感）で学ぶ」タイプですか？これまで全国各地の教員研修でこの質問をしていますが、若干（4）のタイプが少ないぐらいで、ほぼ4分の1ずつという結果が出ています。しかし、私たちが学校で中心的に教えているのはどのタイプでしょうか？他の4分の3の子たちは、少なくとも自分の得意なタイプではあまり教えてもらえていないということです。これもなんとかしなければなりません。

②マルチ能力

118ページで具体的に紹介したマルチ能力は、私たちが大人になってから何をもって生活の糧を得ているのかという研究から導き出された「能力」です。その意味では、まさに「生きる力」そのものです。いまのところ八つあります。

あなたは、どれが得意ですか？（1）言語能力、（2）論理的・数学的能力、（3）空間能力、（4）身体・運動能力、（5）音感能力、（6）人間関係形成能力、（7）自己観察・管理能力、（8）自然との共生能力の中で。普通の人は、二つか三つの秀でたものがあり、二つか三つはほとんどダメなものがあり、残りはまあまあといった感じです。学校での学びは、主にどの能力をもった人に得するようにできていると思われますか？　これも、学び方のタイプと同じように、一つか二つだけに常に集中してしまうと、他の能力をもった子たちは、「能力がある」にもかかわらず、「能力がない」というレッテルを貼られてしまいます。とても不幸なことです（マルチ能力と学び方のタイプについて詳しく知りたい方は、『マルチ能力が育む子どもの生きる力』〈前掲〉を参照してください）。

③脳の機能

脳は言うまでもなく、学びをつかさどっている臓器です。科学技術の発達により過去20年ぐらいの間に、その脳の機能が急ピッチで解明されつつあります。脳の機能はどんなものかを知ることは、教える立場にある人にとってはとても大切なことです。教師用に脳の機能をわかりやすく書いた本は日本語ではまだ存在しないので（ご存知の方は、ぜひ紹介ください）、過去15年ぐらいの間、英語で発表されたものを「学びの原則」としてまとめパート１の１０２〜１０４ページで紹介してありますので、参考にしてください。

脳の機能を踏まえて「学ぶこと」の理解を深めると、自ずと教え方の転換を誘発することになります。【表16】は、それらの多様な教え方を教師中心から生徒中心という切り口で紹介したものです。当然のことながら、学び方のタイプやマルチ能力などを切り口にすれば、別の並べ方になります。ぜひ、試してみてください（実際に試された方は、pro.workshop@gmail.com 宛にぜひ情報提供をお願いします）。

学び方を含めて、脳の機能にマッチしていない学校とマッチしている学校を比較すると、【表17】のようになります。

[表16] 教師中心から生徒中心までの多様な教え方

教師中心

高

主な方法	その他の方法
講義	
(教師による)発問	クイズ
ドリル	ブレーンストーミング
実演(してみせる)	分類
教師の誘導による発見	連鎖図
ゲーム／シミュレーション	4つのコーナー
ディベート	カードのマッチング
話し合い	写真や絵を使って
ロールプレイ	ランキング
チーム学習	ルールづくり
(生徒による)質問づくり	インタビュー・アンケート
(生徒と教師間の学習)契約	
プロジェクト	ポスター／チラシづくり
ワークショップ	
(生徒による)自己評価	

高

生徒中心

[表17] 脳の機能にマッチしていない学校とマッチしている学校の比較

脳の機能にマッチしていない学校	脳の機能にマッチしている学校
強制的、楽しくない、勉強嫌い	楽しい、のびのび、リラックス、安心
選択がない	子どもたちに選択、責任、判断が委ねられる
主役は教科書、教師（教師が一生懸命に仕事をしている）	主役は子ども、教師はサポート役（子どもたちが一生懸命に仕事をしている）
正解がある。カバーすることに忙しい	答を、自らが探し出す／つくりだす
みんな同じペースで、同じように学ぶ	みんな違うペースと違う方法で学ぶ
学年と時間割は歴然と存在する	学年、時間割は希薄
バラエティーに乏しい教え方 ＝一斉板書	多様な教え方（基本は、参加型）[表16]
カリキュラムは、教科でブツギリ	カリキュラムは教師と生徒が一緒につくる 教科の枠を越えていく
本当のこと、今起こっていることは学ばない	役に立つこと、使えること、今起こっていること、生徒の興味・関心を学ぶ
系統学習	テーマ学習、合科、統合学習→PBL
暗記	練習、振り返り、フィードバックを重視
一人の教師（私「教える人」、あなたたち「学ぶ人」）（私「話す人」、あなたたち「聞く人」）	たくさんの人に教えられる（本当のこと、保護者や地域の人にも教えてもらう。いっしょに学び合う。体験を通して学ぶ）
学べない場合は、生徒に責任転嫁	わかるようになる、できるようになる
受け身、無関心の隠れたカリキュラム	個人、グループ、全体で学ぶ
教室・学校が閉じている	教室と実社会がつながっている
テストが唯一の評価手段	様々な評価の仕方
生徒と教師と保護者の不信感	生徒と教師と保護者の信頼関係
すべて与えられる	自己管理能力、自分で計画して、実行 自己責任と手厚いサポート

4 変化についての理解

3で扱った「学ぶこと」の理解と同じレベルで大切なのが、「変化」についての理解です。これを理解していないと、変化をつくれず無駄な努力をすることになってしまいます。

変化についても、学びのときと同じように、「自分たちはどのような状況のときに変われるのか？」を出してみるといいでしょう（私のリストは、『校長先生という仕事』〈前掲〉の165～167ページに紹介してあります）。

私たちは本書の執筆に当たり、さらに「変化」について考えを深め、【図10】はそれをわかりやすく整理したものです。

五つの輪は同じレベルで大切だと思っているのですが、真ん中に位置づけられた「学び」は核のような気がします。

一つひとつの構成要素について簡単に説明していきます。

①課題、ビジョン、目標

個人レベルであろうと、組織レベルであろうとバランスがとれているときは、変化は起こり

[図10] 変化をつくり出す構成要素

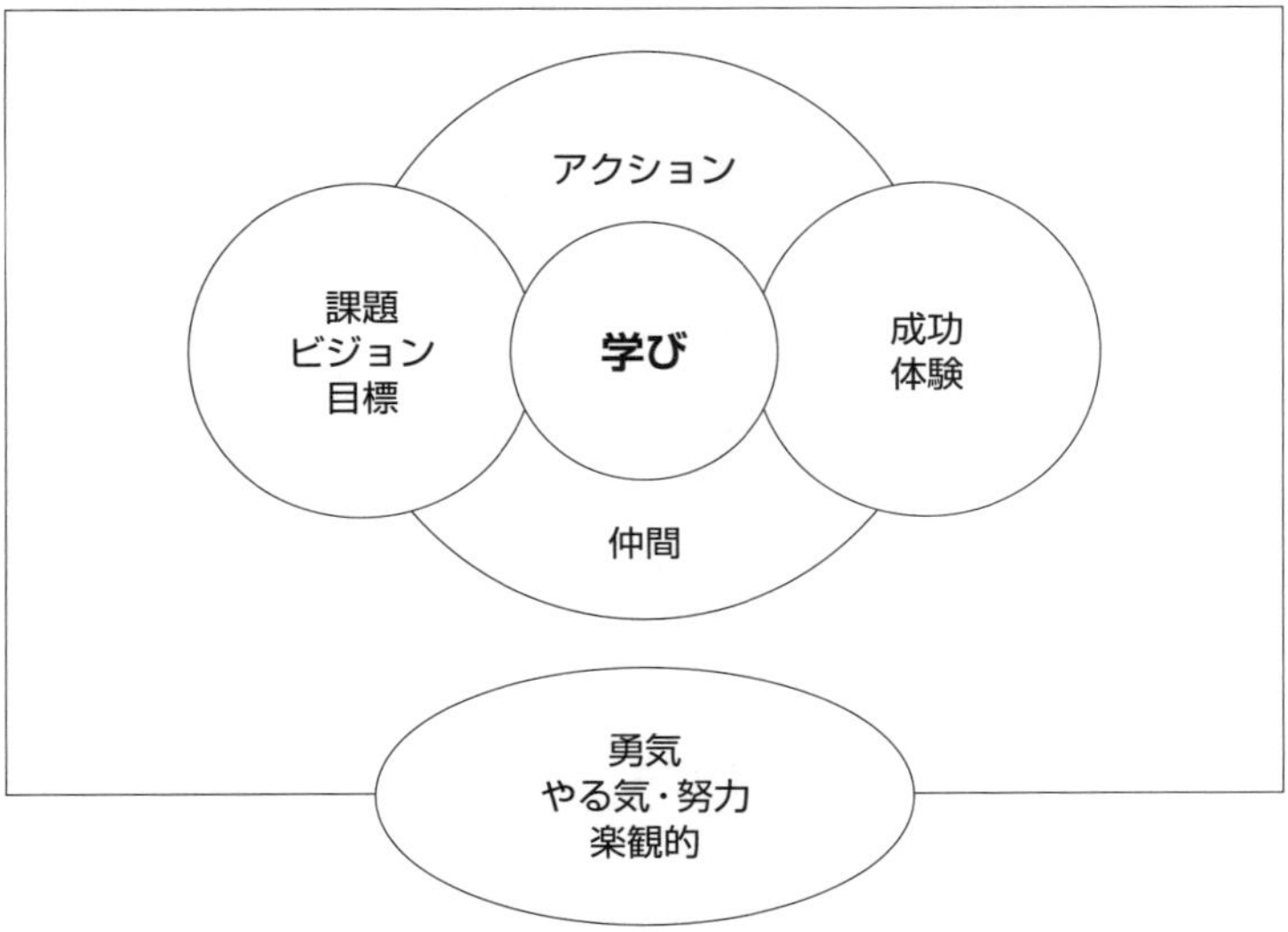

ません。それを維持するエネルギーの方がはるかに強く働いてしまうからです。その意味では課題や問題があることはいいことと言えます。バランスが壊れていることを意味し、改善（つまり、変化）を求められている状況なわけですから。

　バランスがあるときは、Ｗｈｙ？Ｗｈｙ？Ｗｈｙ？と、最低でも3回は問いかけて、自分や組織をクリティカル（注1）に見ることによって改善点を見つけ出すことが必要になるでしょう（どんな組織も完全ということはありませんから、いくらでも改善点は見つけ出せるはずです）。その上で、明快な課題設定、あるいは達成可能な目標設定をすることが肝要です。焦点が絞れていて、具体的かつリアリティーがあるものほど、参加している者はやる気が出ます。

　課題アプローチに対して、ビジョン・アプローチは、「こうありたい！」「こんなだったらいいね！」という理想像から出発するアプローチのときに使います（詳しくは、『エンパワーメントの鍵』〈前掲〉の第3章を参照ください）。

しかし、課題にしても、ビジョンにしても、リアリティーをもたせるため、具体的に進めるためには目標のレベルに落とさなければなりません。それによって、こまめに達成感も味わいながら前に進めることになります（191ページのSMARTな目標づくりを参照）。

なお、組織の課題を見つけ出してそれを解決しようとする場合でも、新しいことを提案してやり出そうとする場合でも、バランスを崩す（波風を立てる）ことには変わりありませんから極めて政治的な行為です。しかし、忘れてはならないことは、バランスを崩さない（波風を立てない）ことも、まったく同じレベルで極めて政治的だということです。

もう一点、ビジョンや目標というと、必ず計画も思い浮かぶわけですが、これについては「ほどほど」に扱うのが賢明だということです。それはあとで紹介する「アクション」との関連で、実行することによって計画自体も変わってしまうからです。したがって、計画にあわせて実行するのか、実行にあわせて計画を変えるのか、という話になり、それは「ほどほど」としか言いようがないからです。とにかく言えることは、計画に縛られて、いい加減なアクションになってしまってては本末転倒ですから、柔軟に対応することが求められるということです。

注1　クリティカルは、「批判的」とイコールではありません。ネガティブ／否定的な意味は、その4分の1か、せいぜい3分の1で、残りの多くの部分は「大切なものを見極められる力」「大切でないものを排除できる力」という肯定的な

意味合いが占めています。

② 学び

学びの重要性については、本章でもこれまでにだいぶ触れているので、ここではあまりスペースをとりませんが、ここで言えることは、（1）事前の情報収集がとても大切であること、（2）外（分野外や海外）の情報も大切であること、（3）情報収集の過程で、知識やスキルやノウハウを身につけることも大切であること、そして（4）次に紹介する「アクション」を通してもたくさんのことを学ぶことなどです。

こうした様々な過程での学びは、間違いなく私たちを元気にしてくれます。

③ アクション

とにかく試してみる、実行に移してみる、やってみる段階です。行動することで得る学びには大きいものがあり、それは言われたり、本で読んだりしたレベルとはかなり違うものです。また、たとえ（1）小さなアクション（＝変化）でも、それが（2）新たな考えを生み出したり、考えを変えたりし、（3）新しい体制やものごとの進め方につながっていく可能性があります。しかし、この逆の流れ（つまり、3→2→1の流れ）はほとんど成功しないようです。ものごとが変わる流れに逆行しているからです。

しかしながら、なかなか「試してみる、実行に移してみる、やってみる」と思えない空気が充満しているのが学校です。この点を担っているのは学校レベルでは校長であり、それ以上に影響力を及ぼしているのは文部科学省や教育委員会の姿勢です（5の学校レベルの変化＝313ページと、6の文部科学省と教育委員会レベルの変化＝318ページで触れます）。

④仲間

当然のことながら、一人で努力するよりも、仲間と協力し合いながら、互いにサポートし合いながら進めた方が、楽しいですし、学べることも多く、成功する確率も高くなります。

その際、コミュニケーションがとても重要な位置を占めます。頻繁なやり取りがいい人間関係を築いていくだけでなく、コミットメントも高めてくれますし、元気にもしてくれます。フィードバックの仕方はとても大切で、私たちはあまりやりなれていませんが、まずは認める、ほめるといったことが、鍵を握っています（これを可能にするためにも、パート1の25ページで紹介した「大切な友だち」の手順はとても重要です）。

もちろん、気心の知れた者同士だけでチームが組めたら、それに越したことはないかもしれませんが、学校などの組織の場合はそうもいきません。異質な者がいるとコミュニケーションがスムーズにいかない場合もありますが、逆に（先ほどの課題や問題があることはいいこと、と同じように）違いこそが学びであり、そういう相手に理解してもらえるように対話することでさらに学べるチャンスがあると捉えると、そういう人たちとの接し方も自ずと違ったものになってきます。

メンバー間相互のやり取りが、やる気を呼び起こし、ものごとの進め方自体を決めたり、人間関係を変えたりし、結果的に組織を変えていくことにもなりえます。しかし、これも先ほどのアクションのところで書いたように、逆の順序で変えようとすると、混乱、対立、不安をかき立てるだけで終わってしまう可能性が大です。

⑤成功体験

教師たちの多くは学校を変えるという点に関しては、圧倒的に失敗の方を多く体験しているようです。それはたとえ、上から押しつけられた変化の場合でも、自分たちが起こした変化の場合でも、です。理由はいろいろありますが、ひとことで言えばここまで紹介してきた①~④の欠如だと思います。しっかり①~④を押さえることで、確実に成功体験を積み上げていかないと、変化を起こすことがますます難しくなってしまいます。

その際、「ビジョンは大きく、目標は小さく」して確実に成功を味わい、元気になりながら、次のステップに進んでいくことが大切です。このことは、子どもたちの学びについても言えるのではないでしょうか。

このように変化をつくり出す構成要素をまとめてみましたが、やはり個人（各人）の勇気、やる気、努力、楽観的なものの見方といったものがベースにないと全体が動かない気はします。

5 学校レベルの変化

学校レベルの変革は、これまでに紹介した1～4を押さえることができれば、かなりスムーズにいくはずです。しかし当然、学校や組織レベルで押さえないといけないこともありますから、本項ではそれらに焦点を当てて紹介します。

❖学校の役割・目的の明確化

まずは、学校の役割・目的の明確化です。現状は、あまりにもたくさんのことを学校が引き受けすぎています。放課後の生徒の面倒、部活動、給食、通学途中の生徒の安全など、挙げていけばきりがありません。学び方と教え方の飛躍的な向上と、それを実現するためにプロになるために（プロであり続けるために）サポートし合う協力関係を築くことこそに焦点を当てるべきだと思います。大切なことに焦点を絞れなければ、他のことも中途半端になりますし、他の様々な担い手とも役割分担やパートナーの関係も築けません。

この学校の役割・目的の明確化を図る際は、校長が一人で決めたり、学校側の人間だけで決めたりするわけにはいきません。関係する様々な担い手（生徒たちも）が話し合いと意思決定のプロセスに参加することによって、決定したことにコミットしてもらわなければなりませんし、オーナーシップ（自分たちが主役となって実現するという意識）ももってもらわなければなりません。その意味で、いいコミュニケーションがとれず、信頼関係も築けず、意思決定のプロセスがよくないと、学校改善は進みません。校長の役割が大きいゆえんが、ここにあります。

❖チェック機能のない停滞から、チェック機能のある好循環へ

本来学校は、常に自分たちのしていることを評価し、よりよくすべき点を明確にし、それを実現するために行動しているところであってほしいと思います。その意味では、これで十分と言えるような状態などないはずですから、学校は常に変化しているはずです。たとえば、教え方一つとっても、何を扱うにしても、誰に対してもベストの教え方など存在するはずがありません。したがって、絶え間ない模索が求められます。

同時に学校の中には、当たり前と思い込んで疑われることもなく、何十年間も続けられている行事や習慣が山のようにあります。会議のもち方、時間割、教科、教科書、校務分掌、各種委員会、学校行事などを疑うことなしに、よりよいものはつくり出せません。この現状を疑ってみるということは、学校のトップである校長が率先して実践することが求められています。必ずもう一つ、校長が率先して取り組むことが求められるのは、新しいことへの挑戦です。

しも、今までしてきたことがベストではありませんから、よりよいものを求めて試してみることが不可欠です。しかし、学校の中にはその新しいことを試してみる文化が決定的に欠落しているのが現状です。

アカウンタビリティーは「説明責任」ではありません。「結果責任」です。アカウンタビリティーをそのように捉え直すことができたなら、少しは現状を見直し、新しい取り組みにも積極的になれるのではないでしょうか。

❖教師の学びのリーダーとサポート役としての校長

２９６ページでは子どもたちがよく学べるためには、教師が率先して学び続ける必要性を説明しましたが、教師がよく学べるためには、校長がそのモデルを示し、学び続けることが何よりも説得力があります。教師たちが、「あんなふうでありたい」という姿をモデルで示せれば、口でとやかく言う必要などありません。

もう一つ校長がモデルとして示すべきことは、失敗を恐れない姿勢です。文部科学省や教育委員会（プラス政治家）の多くは、自分たちが様々な政策で失敗続きであることを棚に上げて、学校にだけは失敗を許さない役所の体質を丸出しにしています。そんな中で、失敗を恐れない姿勢を示すということは勇気がいりますが、ある意味ではこれなくして学校の改革はないといっても過言ではありません。黒澤明監督が映画『生きる』の中で描いた市役所の課長がしたようなことを、校長には求められていると言えます。役所の中でさえ、やる気さえ起こせば、ほとんどのことは可能なのです。

同時に、これまではあまり重視されてきませんでしたが（理由は、その効果的な方法がわからなかったからですが）、これからは多様な形で教師たちの学びをサポートすることも校長の主要な役割と位置づける必要があります。

それは、次のような形で容易にできます。

・教師に自分がしていること（ないしは、しようとしていること）を説明してもらう

問いかけによって、振り返ってもらうことはとても効果的な学びの方法。また、実際に単元や授業をする前に、計画段階のものについて説明してもらうと、修正を実施前に考えられるという利点があります。さらには、よく聞く姿勢を校長がモデルで示すことで、それが教師たちの生徒との接し方にも好影響を与えていくはずです。

・数人のチームで、いろいろな新しいことを試してみるように励ます

一人では壁にぶち当たりやすいことも、「三人寄れば文殊の知恵」で乗り越えることもできます。チームで取り組むことによって、互いに教え合う・学び合う・助け合うことが当たり前という文化が築き上げられます。これは、従来の「助けてもらう（教えを請う）こと」

が教師にとっては欠陥の証だったのが、継続的に学び続けている証に転換することも意味します。

・最初から全員に対して強制的に押しつけるのではなく、自主的に取り組んでもらう

教師が授業ですることのモデルを示さなければなりませんから、校長はいくつかの選択肢を提供し、教師たちはその中から選ぶ形で取り組めるようにすることが、主体的な学びをつくり出す一つの効果的な方法です。つまりは、「やらされる研修（学習）から、自ら進んで取り組む研修（学習）」への転換を意味します。多様な研修の具体的な方法については、パート1の第1章以外にも、『「学び」で組織は成長する』〈前掲〉をご参照ください。

また最初から過剰な期待はせずに、やる気のある人に確実に成功体験をしてもらい、徐々に広げていく方が、無理やり強制するよりも効果的です。江戸時代の米沢藩の藩主・上杉鷹山も証明してくれたように、組織は15～16％のやる気のある人が動き始めれば、変わりますから。

・外とのつながりを有効に活用して、学校の中を変えていく

今の時代に学校の中だけで教育を考えるべきでないことはすでに述べました。校長は、外とのつながりをうまく学校改革に活かしていく能力も問われています。

・**教師の事務仕事をできるだけ簡素化する**

多忙化しているのはもちろん学校の先生に限りませんが、一世代前と比べても、その事務仕事(ペーパー・ワーク)の量は比較にならないほど増えています。これは、ある意味では死活問題ですから、うまく教育委員会との橋渡しをする形で大幅に軽減することが強く求められています。

6 文部科学省と教育委員会(プラス政治家、有識者)は、自分たちの立場や役割を認識する

教育委員会は別として、国レベルで教育に携わる人たちは、「自分こそが日本の教育を救うんだ」という強い意気込みをもっているようです。しかしその意気込みは、過去何十年かの歴史を振り返っても、残念ながら空回りしています。「〝上〟が動けば動くほど状況は悪くなる」「現場を混乱させるだけ」「多忙化することしかやらない」となってしまいがちです。しかし、その悲鳴が「上」に届くことはないようです。

❖現場をサポートすることが役割

アメリカの有名な教育学者がこんなふうに言っていました(まえがきでも触れました)。「教育

の実践に関する改善は、教師や学校から始まるのであって、政策から改善されたことはない」と。ぜひ、このことを政策レベルに関わる方々は肝に銘じてほしいと思います。たとえ、自分たちが目新しいことをしていると思っても、それはどこかの学校ですでに実践されていることを。

さらに一番説得力のある方法は、口や文章で伝えることではなく、モデルで示すことです。文部科学省は、教育委員会や学校のモデルとして存在しているでしょうか？　教育委員会は、校長や教師のモデルになっているでしょうか？　校長は、教師や生徒たちにモデルを示せているでしょうか？　教師は、生徒や保護者たちのいいモデルとなっているでしょうか？

文部科学省や教育委員会や政治家は、校長や教師が失敗を必要以上に恐れることなく、モデルを示せるようにサポートすることが最大の役割ではないでしょうか？　自分たちは、政策面で失敗の連続であるにもかかわらず、学校には失敗を許さないというお役所体質は早くやめないといけません。よきモデルに変化していくことを期待しています（その萌芽は感じています）。

もちろん、文部科学省や教育委員会が政策面や事業面で打ち出すものの多くは、「正論」である場合がほとんどです。しかし、その「いいこと」も提示の仕方次第で、逆に作用してしまうのです。私たちは、そのことを個人レベルではよく体験しています。たとえば、教師や保護者が子どもたちと接するときなどです。たとえ「いいこと」であっても、あるいは「正論」であるがゆえに、逆の行動をされてしまう場合が往々にしてあります。アプローチとして私たちが学ばなければならないことは、上からの押しつけではなく、選択肢を提供し、当人たちに自ら選んでもらうことでオーナーシップ（自分のものという意識）をもってもらうことが大切なのではないでしょうか。

換言すれば、文部科学省や教育委員会こそが、まずは「学ぶこと」や「変化について」の理解を実践に移すことを意味しています。一人ひとりの生徒、一人ひとりの教師、一人ひとりの校長、一つひとつの学校はすべて違うのですから、同じようにやれるはずなどあるはずがありません。しかし、私たちはこれまで同じようになることがいいことだと錯覚を起こし続けてきました。いろいろな学び方があり、したがって教え方もあり、学校のあり方もあるのが当然です。それをサポートするのが教育行政の役割であって、上からコントロールしてもよくなるはずがありません。文部科学省と教育委員会の真価が問われるのは、学校が自立的に変われる力をもつことの大切さを理解し、それを実現する（＝サポートする）ために自分たちが存在しているということを実践していくこと以外にはないと思います。

いつまでも、現場にとってありがた迷惑な存在であっていいはずがありません。

❖現場を信じる

サポートする体制が整ったら、あとは現場を信じ権限を委ねることです。たとえば、今は校長に人事の権限も、予算の権限もありません。せっかく「このような学校をつくりたい」とビジョンをもっていたとしても、それを達成するためのリソース（資源）がないのです。まずはこの二つを校長に委ねることが重要です。その二つがあって初めて、各学校は主役意識をもって学校づくりに取り組める条件が整います。

人事においては、各校長が「この学校ではどんな人材を必要としているか」「そのためには何ができてほしいか」ということについて採用基準を明確に示すことも大切です。この採用基準こそが、校長の学校のビジョンと力量を示すことにもなります。今は教員採用試験があるものの、その採用基準は極めて不透明です。それでは何を基準に努力すればよいかわからず、結果的に採用前に必要な力をつける機会を奪ってしまっています。またそれぞれの校長によって必要としている教師も違うでしょう。しかし、現場が見えない教育委員会が一括で人事を決めているのが現状です。

「校長に任せてしまって大丈夫なのか？　そんな力のある校長はいるのか？」

という声も聞こえてきそうですが、それももっともです。

適任者が絶対的に少ない現状を考えると、校長をサポートするための「研修」も重要になってきます。なおここでいう「研修」は、これまで行われてきた研修とは中身も方法も大幅に異なるものでなければなりません（この点について詳しくは、『校長先生という仕事』、『効果10倍の〈教える〉技術』『「学び」で組織は成長する』〈いずれも前掲〉を参照してください）。

繰り返しますが、現場を信じることからしか学校は変わりません。人事、予算に始まり、何をどう教えるかも学校レベルに任せる必要があります。学校は、必要なサポートがあれば改善し、成長していく組織に必ずなります。これはパート１の第３章の「**やっぱり変えるのは授業から**」と、まったく同じことです。それを、まずは文部科学省や教育委員会がモデルで示さなければなりません。

教師一人ひとりを変化の担い手と捉え、**自分がプロになるため／プロであり続けるためにベストを尽くせる**環境を整えることが何よりも一番求められていることです。

今の教育改革は、免許更新制にせよ、不適格教員への対策にせよ、マイナスの部分に焦点を当ててなんとかしようというアプローチです。そうではなく、やる気のある教師がどうすればさらに成長し、プロの教師に成長していくかに焦点を当てていくことが大切です。そのためには現状の「研修」を身につく、役に立つ研修に変えていくことが必要でしょう。

欠陥に焦点を当てる「欠陥モデル」ではなく、どうすれば個々の教師が成長していくかという「成長モデル」への転換です。それも、教育委員会レベルの研修ではなく、学校レベルの研修が中心になるべきですし、パート１の第１章や『「学び」で組織は成長する』〈前掲〉でも紹介しているように、方法は研究授業以外にもたくさんあるので、多様な選択肢の中から教師たちが自ら選んで取り組むことが大切です（注２）。

教師が自分たちの成長に向けて意欲的に学び始め、教師同士が学び合う学校になれば、その姿は、子どもたちのモデルとなり、子どもたちも意欲的に学び、子ども同士学び合い・教え合うようになります。

注2　選ぶということに関連して、文科省関係者だからといって価値ある内容の本や情報が書けるわけではありません。出版社等も大切なスクリーン機能（採用判断）が弱いところが少なくありません。そうなると、読み手に選書等の選択能力が求められます。しかし、日本の教育でもっとも無視され続けているのが、これです。『イン・ザ・ミドル』『リーディング・ワークショップ』『読書家の時間』や『ライティング・ワークショップ』『増補版 作家の時間』〈すべて前掲〉を参考にして、この大切な選択能力を身につける実践をしてください。

学校と教育委員会や文部科学省の関係を変えるときに参考になるのが、〝エンパワーメント〟という考え方です。意訳すると、「元気にする、やる気にさせる」という意味です。278～279ページですでに紹介した〝ディパワー（元気がなくなる）〟の反対です。

クリスト・ノーデン - パワーズの『エンパワーメントの鍵』には、50のエンパワーメントの鍵が紹介されていますが、そこから二つを紹介しましょう（42～51ページ）。

「〝エンパワーする〟ということは、単に人々に「権限」を与えたり、職務を「委任」したりすることではありません。人々の潜在能力を引き出して自由に解き放ち、崇高な目的や自己実現を達成できるような環境をつくり出すことです」

「エンパワーしているリーダーは、適切なタイミングで、周りの人々が自分自身で発見したり、何かを成し遂げたりできるように手助けします」

ぜひ、リーダー的な立場にいる人たちは、残りの48も自分のものとして、実践していただければと思います。

当然のことながら、この50の鍵は、校長と教師の間でも、教師と生徒の間でも、同じように適用できます。

7
保護者や地域は、学校の「大切な友だち」になる

学校が変わる/学校を変えるときに、保護者や地域の住民が果たせる役割は何か、私たちは考え、悩みました。あまりにも弱い立場にあり、しかもバラバラな存在ですから、アイディアとしてはいろいろ浮かぶのですが、「それは、現実的ではないよね〜」ということになってしまうのです。ここに紹介するのは、そういうスクリーニングの作業を通過した二つの提案です。

❖まずは手を差し伸べる

具体的には、時間を提供するということです。子どもの教育の責任は自分たちにあるのですから(地域の人たちにとっては、自分たちの地域の未来は子どもたちにかかっているのですから)、すべてを学校任せにしておいていいはずがありません。

仕事で忙しい人も、年に2~3日の有給休暇を自分の子どものため、ないし子どもが通っている学校のために使うことは十分に可能なのではないでしょうか。あるいは、土・日であれば、

もっと可能性は高くなるのではないでしょうか？　当然のことながら、「自分の子どものためだけ」よりも「学校のために」時間を使えばさらにいいに違いありません。それが、自分の子どもも直接的・間接的に恩恵を受けることを信じて。

今の世の中、一番貴重なものは時間かもしれません。それを、担任の先生か学校側に提供します、と申し出るのです。

実際に時間を提供することによって何かに関わり始め、今まで見えなかったいろいろなものが見えてきますし、学校側の職員とも関係が築けます。それは、次の段階への出発点です。

❖学校の「大切な友だち」になる

「大切な友だち」による研究協議の方法については、すでにパート1の25ページで紹介しました。昨今は、学校や、学校を直接飛び越えて教育委員会や文部科学省にまで苦情を言う保護者が増えているようです。もちろんそれらの中には、先ほどの文部科学省や教育委員会の「正論」と同じで、正当なものもかなり含まれていると思います。しかし、たとえそれが正当であろうと、あるいは不当なものであろうと、それらの苦情や提案が結果的によくなる方向に機能するというよりも、学校教育システム全体を閉じた方向に方向づけてしまっているようです。それは、とても不幸なことです。せっかくの苦情ないし提案が活かされないで、負の働きをしてしまっているのですから。どうせ学校や教育委員会などに働きかけるのであれば、活かす形がいいに決まっています。そのとき役立つのが、「大切な友だち」です。

繰り返しますが、これは、はっきりしない点を明らかにするための質問から始まります。それがない場合は、次にいい点をできるだけたくさん指摘します（もし、それが指摘できないのであれば、保護者の責任として、子どもを別な学校に通わせることを本気で考えた方がいいかもしれません）。3番目が、悪い点を改善するための質問です。ここでのポイントは、まずい点をそのまま指摘してしまうのではなく、質問の形に置き換えることです。変えるのは、自分ではなく、先方ですから、主体的に考えてもらう必要があります。そして、最後に愛を込めたラブレター（メッセージ）を送ります。

面倒くさいと思われますか？　しかし、先方と関係を築きながら、自分の意図することを伝え、かつ実行してもらおうとするのであれば、このぐらいの努力は最低限必要なのではないでしょうか。その過程で、両者が学べるのですから、使わない手はありません。「大切な友だち」は、相手に対して批判的に温かくなれるだけでなく、自分に対しても批判的（クリティカル）に温かくなることが求められます。

以上、学校が変わるために必要なことを七つにまとめて説明してきました。

あなたの（関わっている）学校が変わる、いや学校を変える手がかりは見つかりましたか？

シンプルな方法の中から、ぜひ一つでも二つでも実行に移してみてください。

- Evans, Robert, *The Human Side of School Change: Reform, Resistance, and the Real- Life Problems of Innovation,* Jossey-Bass Publishers, 1996
- Fullan, Michael G., *The New Meaning of Educational Change, Cassell,* 1991
- Fullan, Michael G., Hargreaves, Andy, *What's Worth Fighting for in Your School,* Teachers College Press, 1991
- Fullan, Michael G., *Change Forces: Probing the Depths of Educational Reform,* The Falmer Press, 1993c
- Fullan, Michael G., *Leading in a Culture of Change,* Jossey-Bass 2001
- Garmston, Robert J. and Bruce M. Wellman, *The Adaptive School,* Christopher-Gordon Publishers, 1999
- Hopkins, David, Mel Ainscow and Mel West, *School Improvement in an Era of Change,* Teachers College Press, 1994
- Lieberman, Ann and Lynne Miller, Teachers: *Transforming Their World and Their Work,* Teachers College Press, 1999
- Littky, Dennis, *The Big Picture: Education Is Everyone's Business,* ASCD, 2006
- Louis, Karen Seashore, and Matthew B. Miles, *Improving the Urban High School: What Works and Why,* Teachers College Press, 1990
- Moffett, James, *The Universal School house,* Jossey-Bass Publishers, 1994
- Quinn, Robert E., Deep Change: *Discovering the Leader Within,* Jossey-Bass Publishers, 1996
- Ridden, Phil, Managing Change in Schools: *A Step by Step Guide to Implementing Change,* Ashton Scholastic, 1991
- Sizer, Theodore R., *Horace's Compromise,* Houghton Mifflin Company, 1984
- Sizer, Theodore R., *Horace's School,* Houghton Mifflin Company, 1992
- Sizer, Theodore R., *Horace's Hope,* Houghton Mifflin Compnay, 1994
- Whitaker, Patrick, *Managing Change in Schools,* Open University Press, 1993

- Schmoker, Mike, *Results Now*, ASCD, 2006
- Smith, Frank, *Joining the Literacy Club*, Heinemann, 1988
- Thiers, Naomi, Editor, *Successful Strategies: Building a School-to-Careers System*, American Vocational Association, 1995
- WestEd, Teachers *Who Learn, Kids Who Achieve*, WestEd, 2000
- Whitaker, Patrick, *Managing to Learn: Aspects of Reflective and Experiential Learning in Schools*, Cassell, 1995
- Wiggins, Grant and Jay McTighe, *Understanding by Design*, ASCD, 1998
- Wood, George, H., *A Time to Learn*, Plume Book, 1998
- Wood, George, H., *Schools That Work*, Plume Book, 1992
- Zemelman, Steven, Harvey Daniels, and Arthur Hyde, *Best Practice, 2nd Edition,* Heinemann, 1998

雑誌

Educational Leadership

- Schools as Learning Communities, May 2004
- How School Improve, Feb. 2005
- Challenging the Status Quo, May 2006

パート2の参考文献

- 『斉藤喜博全集』斉藤喜博、国土社、1969年
- Allington, Richard L. and Patricia M. Cunningham, *Schools That Work, 2nd Edition,* Allyn & Bacon, 2002
- Barth, Roland S., *Improving Schools from Within,* Jossey-Bass Publishers, 1990
- Daniels, Harvey, Marilyn Bizar, and Steven Zemelman, Rethinking High School: *Best Practice in Teaching, Learning, and Leadership,* Heinemann, 2001
- Darling-Hammond, Linda, *The Right to Learn: A Bluepirnt for Creating Schools that Work,* Jossey-Bass Publishers, 1997
- DuFour, Richard and Robert Eaker, *Professional Learning Communities at Work: Best Practices for Enhancing Student Achievement,* National Educational Service, 1998

- Barth, Roland, *Run School Run*, Harvard University Press, 1980
- Calhoun, Emily F., *How to Use Action Research in the Self-Renewing School*, ASCD, 1994
- Dalin, Per with Hans-Günter Rolff, *Changing the School Culture*, Cassell, 1993
- Daniels, Harvey, *Literature Circles: Voice and Choice in the Student-Centered Classroom*, Stenhouse Publishers, 1994
- Daniels, Harvey and Marilyn Bizar, *Methods that Matter: Six Structures for Best Practice Classrooms*, Stenhouse Publishers, 1998
- DePorter, Bobbi, Mark Reardon, and Sarah Singer-Nourie, *Quantum Teaching: Orchestrating Student Success,* Allyn and Bacon, 1999
- Fiske, Edward B., *Smart Schools, Smart Kids: Why Do Some Schools Work?*, Touchstone Book, 1991
- Fletcher, Ralph and JoAnn Portalupi, *Writing Workshop: The Essential Guide*, Heinemann, 2001（邦訳＝『ライティング・ワークショップ』新評論、2007年）
- Gibbs, Jeanne, TRIBES: *A New Way of Learning and Being Together*, CenterSource Systems, 1995
- Glasser, William, *The Quality School*, Hrper Perennial, 1990
- Holt, John, *How Children Fail, Revised Edition*, Addison Wesley, 1982
- Holt, John, *How Children Learn*, Pelican Book, 1967
- Holt, John, *The Underachieving School*, Delta, 1969
- Holt, John, *What Do I Do Monday?*, Dutton, 1970
- Hopkins, David, *A Teacher's Guide to Classroom Research, 2nd Edition*, Open University Press, 1993
- Kohn, Alfie, *Beyond Discipline*, ASCD, 1996
- Meier, Deborah, *The Power of Their Ideas*, Beacon Press, 1995
- Murphy, Carlene, U. and Dale W. Lick, *Whole-Faculty Study Groups, 2nd Edition*, Corwin Press, 2001
- Postman, Neil, and Charles Weingartner, *Teaching as a Subversive Activity*, Delta Book, 1969
- Robbins, Pam, *How to Plan and Implement a Peer Coaching Program*, ASCD, 1991
- Saxl, Ellen R., *Assisting Change in Education: A Training Program for School Improvement Facilitators*, ASCD, 1989

本文で紹介した以外のパート１の参考文献

- 『教師も学び合う「協働文化」を生み出す学校スタイル　～上越市立高志小学校を事例として』岩瀬直樹、2002年（http://www1.s-cat.ne.jp/iwase/upfile/kyoudoubunka.pdf）
- 『山形大学教育実践研究Vol.13』（「リテラチャー・サークル　アメリカの公立学校のディスカッション・グループによる読書指導法」足立幸子）山形大学教育学部附属教育実践総合センター、2004年
- 『教育課程開発 REPORT BOOK Ⅰ～Ⅳ』新潟県上越市立高志小学校、2002～2006年
- 『変動社会の中の教育・知識・権力』（今津孝次郎「学校の協同文化」）藤田英典、志水宏吉編、新曜社、2000年
- 『欲ばり過ぎるニッポンの教育』苅谷剛彦、増田ユリヤ著、講談社現代新書、2006年
- 『会議が絶対うまくいく法』マイケル・ドイル、ディヴィッド・ストラウス著、斎藤聖美訳、日本経済新聞社、2003年
- 『チームが絶対うまくいく法』ディヴィッド・ストラウス著、斎藤聖美訳、日本経済新聞社、2004年
- 『まとまらない意見をまとめる合意形成の技術』山路清貴著、西東社、2004年
- 『質問思考の技術』マリリー・G・アダムス著、中西真雄美訳、ディスカヴァー・トゥエンティワン、2005年
- 『地球市民を育む学習』ディヴィッド・セルビー、グラハム・パイク著、中川喜代子監修、阿久澤麻理子訳、明石書店、1997年
- 『アドベンチャーグループカウンセリングの実践』ジム・ショーエル、ディック・プラウティ、ポール・ラドクリフ著、プロジェクトアドベンチャージャパン訳、みくに出版、1997年
- 『こうすれば組織は変えられる!』ピーター・クライン、バーナード・サンダース著、今泉敦子訳、フォレスト出版、2002年
- 『VIEW21［小学版］2004.10　教師の「授業力」向上のために』ベネッセ教育研究開発センター、2004年
- 『ハーヴァード・ビジネス・レビューブック2003.3 学習する組織のマネジメント』（ディビット・A・ガービンほか）ダイヤモンド社、2003年

- 『先生のためのアイディアブック――協同学習の基本原則とテクニック』ジョージ・M・ジェイコブス、マイケル・A・パワー、ロー・ワン・イン著、伏野久美子訳、木村春美訳、関田一彦監訳、日本協同教育学会
- 『テーマワーク』開発教育センター編、ERIC国際理解教育センター編訳、ERIC国際理解教育センター
- 『学習の輪――学び合いの協同教育入門』D・W・ジョンソン著、石田裕久、梅原巳代子訳、二瓶社
- 『「協同」による総合学習の設計――グループ・プロジェクト入門』Y・シャラン、S・シャラン著、石田裕久、伊藤篤、杉江修治、伊藤康児訳、北大路書房
- 『学びの情熱を呼び覚ますプロジェクト・ベース学習』ロナルド・J・ニューエル著、上杉賢士、市川洋子訳、学事出版
- 『MI――個性を生かす多重知能の理論』ハワード・ガードナー著、松村暢隆訳、新曜社
- 『WORLD STUDIES（ワールド・スタディーズ）――学びかた・教えかたハンドブック』サイモン・フィッシャー&デイヴィッド・ヒックス著、ERIC国際理解教育センター編訳、ERIC国際理解教育センター
- 『図解 はじめる小学校キャリア教育』三村隆男著、実業之日本社
- 『対立がちからに――グループづくりに生かせる体験学習のすすめ』ウイリアム・J・クレイドラー、リビーコウレス、リサ・ファーロン、イラサハイ・プラウティ著、プロジェクトアドベンチャージャパン訳、みくに出版
- 『クラス会議で子どもが変わる――アドラー心理学でポジティブ学級づくり』ジェーン・ネルセン、H・ステファン・グレン、リン・ロット著、会沢信彦、諸富祥彦訳、コスモスライブラリー
- 『あなたの子どもが学校生活で必ず成功する法―なぜ、この学校には落ちこぼれが一人もいないのか?』ウイリアム・グラッサー著、柿谷正期訳、アチーブメント出版
- 『人間関係を豊かにする授業実践プラン50――自分を見つめ好きになる本』小学館
- 『理解をもたらすカリキュラム設計――「逆向き設計」の理論と方法』グラント・ウィギンズ、ジェイ・マクタイ著、西岡加名恵訳　日本標準

- 『プロジェクトアドベンチャーでつくるとっても楽しいクラス』岩瀬直樹、甲斐崎博史、伊垣尚人著、プロジェクトアドベンチャージャパン監修、学事出版
- 『よくわかる学級ファシリテーション・テキスト――ホワイトボードケース会議編』岩瀬直樹、ちょんせいこ著、解放出版社
- 『よくわかる学級ファシリテーション②――子どもホワイトボード・ミーティング編』岩瀬直樹、ちょんせいこ著、解放出版社
- 『よくわかる学級ファシリテーション①――かかわりスキル編』岩瀬直樹、ちょんせいこ著、解放出版社
- 『クラスづくりの極意――ぼくら、先生なしでも大丈夫だよ』岩瀬直樹著、山中正大絵、矢島江里写真、農文協
- 『子どもの力を引き出す板書・ノート指導のコツ』岩瀬直樹、川村卓正著、ナツメ社
- 『最高のクラスのつくり方』埼玉県狭山市立堀兼小学校6年1組、岩瀬直樹、荻上由紀子著、小学館
- 『学級づくりの「困った!」に効く クラス活動の技』岩瀬直樹、長尾彰、大橋邦吉、甲斐崎博史著、チームビルディング研究所編、小学館

パート1でおすすめしたり、著者が参考にした書籍

本文登場順。一部入手しにくいものもありますが、図書館などで探してみてください。

- *Going Public*, Shelley Harwayne, Heinemann
- 『省察的実践とは何か――プロフェッショナルの行為と思考』ドナルド・A・ショーン著、柳沢昌一、三輪建二訳、鳳書房
- 『コミュニティ・オブ・プラクティス』エティエンヌ・ウェンガー、リチャード・マクダーモット、ウィリアム・M・スナイダー著、野村恭彦監修、野中郁次郎解説、櫻井祐子訳、翔泳社
- 『グループのちからを生かす――プロジェクトアドベンチャー入門 成長を支えるグループづくり』プロジェクトアドベンチャージャパン著、みくに出版
- 『いっしょに学ぼう』スーザン・ファウンテン著、ERIC国際理解教育センター編訳、ERIC国際理解教育センター
- 『いっしょにできるよ』ミルドレッド・マシェダー著、ERIC国際理解教育センター編訳、ERIC国際理解教育センター

- 『校長先生という仕事』吉田新一郎著、平凡社新書
- 『いい学校の選び方――子どものニーズにどう応えるか』吉田新一郎著、中公新書
- 『最高のプレゼンテーション――心をつかむ見せ方、話し方』ダグ・マルーフ、吉田新一郎訳、PHP
- 『ペアレント・プロジェクト――学校と家庭を結ぶ新たなアプローチ』ジェイムズ・ボパット著、玉山幸芳、吉田新一郎訳　新評論
- 『「マルチ能力」が育む子どもの生きる力』トーマス・アームストロング著、吉田新一郎訳、小学館
- 『会議の技法　チームワークがひらく発想の新次元』吉田新一郎著、中公新書
- 『エンパワーメントの鍵――「組織活力」の秘密に迫る24時間ストーリー』クリスト・ノーデン-パワーズ著、吉田新一郎、永堀宏美訳、実務教育出版

岩瀬直樹の著書、編書など

- 『インクルーシブ教育を通常学級で実践するってどういうこと?』青山新吾、岩瀬直樹著、学事出版
- 『増補版 作家の時間:「書く」ことが好きになる教え方・学び方【実践編】』プロジェクト・ワークショップ編著、新評論
- 『クラスがワクワク楽しくなる! 子どもとつくる教室リフォーム』岩瀬直樹編著、有馬佑介、伊東峻志、馬野友之著、学陽書房
- 『「振り返りジャーナル」で子どもとつながるクラス運営』岩瀬直樹、ちょんせいこ著、ナツメ社
- 『成果を上げて5時に帰る教師の仕事術』岩瀬直樹編著、学陽書房
- 『きょうしつのつくり方』岩瀬直樹原案、荻上由紀子絵、プロジェクトアドベンチャージャパン監修、旬報社
- 『みんなのきょうしつ』岩瀬直樹、中川綾著、学事出版
- 『せんせいのつくり方“これでいいのかな”と考えはじめた“わたし”へ』岩瀬直樹、寺中祥吾著、プロジェクトアドベンチャージャパン監修、旬報社
- 『エピソードで語る教師力の極意』岩瀬直樹、明治図書出版
- 『よくわかる学級ファシリテーション③――授業編』岩瀬直樹、ちょんせいこ著、解放出版社

- 『増補版「考える力」はこうしてつける』ジェニ・ウィルソン、レスリー・ウィング ジャン著、吉田新一郎訳、新評論
- 『増補版「読む力」はこうしてつける』吉田新一郎著、新評論
- 『「学びの責任」は誰にあるのか――「責任の移行モデル」で授業が変わる』ダグラス・フィッシャー、ナンシー・フレイ著、吉田新一郎訳、新評論
- 『PBL 学びの可能性をひらく授業づくり――日常生活の問題から確かな学力を育成する』リンダ・トープ、サラ・セージ著、伊藤通子、定村誠、吉田新一郎訳　北大路書房
- 『ようこそ、一人ひとりをいかす教室へ――「違い」を力に変える学び方・教え方』キャロル・アン・トムリンソン著、山崎敬人、山元隆春、吉田新一郎訳、北大路書房
- 『好奇心のパワー ――コミュニケーションが変わる』キャシー・タバナー、カーステン・スィギンズ著、吉田新一郎訳、新評論
- 『算数・数学はアートだ！』ポール・ロックハート著、吉田新一郎訳、新評論
- 『たった一つを変えるだけ――クラスも教師も自立する「質問づくり」』ダン・ロススタイン、ルース・サンタナ著、吉田新一郎訳、新評論
- 『理解するってどういうこと?――「わかる」ための方法と「わかる」ことで得られる宝物』エリン・オリヴァー・キーン著、山元隆春、吉田新一郎訳、新曜社
- 『読書家の時間』プロジェクト・ワークショップ編著、新評論
- 『読書がさらに楽しくなるブッククラブ　読書会より面白く、人とつながる学びの深さ』吉田新一郎著、新評論
- 『リーディング・ワークショップ――「読む」ことが好きになる教え方・学び方』ルーシー・カルキンズ著、吉田新一郎、小坂敦子訳、新評論
- 『ライティング・ワークショップ――「書く」ことが好きになる教え方・学び方』ラルフ・フレッチャー、ジョアン・ポータルピ著、小坂敦子、吉田新一郎訳、新評論
- 『効果10倍の“教える”技術――授業から企業研修まで』吉田新一郎著、PHP新書
- 『テストだけでは測れない!――人を伸ばす「評価」とは』吉田新一郎著　NHK出版
- 『「学び」で組織は成長する』吉田新一郎著、光文社

参考文献・資料の紹介

著者の関わった書籍

発行年の新しい順に紹介しています。一部入手しにくいものもありますが、図書館などで探してみてください。

吉田新一郎の著書、編書、訳書など

- 『教科書では学べない数学的思考――「ウ～ン!」と「アハ!」から学ぶ』ジョン・メイソン、ケイ・ステイスィー著、吉田新一郎訳、新評論
- 『オープニングマインド――子どもの心をひらく授業』ピーター・ジョンソン著、吉田新一郎訳、新評論
- 『宿題をハックする』スター・サックシュタイン、コニー・ハミルトン著、高瀬裕人、吉田新一郎訳、新評論
- 『選んで学ぶ――学ぶ内容・方法が選べる授業（仮題）』マイク・エンダーソン著、吉田新一郎訳、新評論
- 『Nurturing Inquiry（科学的探究心を育む）（仮題）』チャールズ・ピアス著、門倉正美、山崎敬人、白鳥信義、吉田新一郎訳、新評論
- 『The Innovator's Mindset（教育イノベーターのマインドセット）（仮題）』ジョージ・クロス著、白鳥信義、吉田新一郎訳、新評論
- 『親と教師のためのマインドセット入門（仮題）』メアリー・ケイ・リーチー著、大内朋子、吉田新一郎訳、新評論
- 『一人ひとりをいかす評価』C・A・トムリンソン、トンヤ・ムーン著、山元隆春、山崎敬人、吉田新一郎訳、北大路書房
- 『イン・ザ・ミドル――ナンシー・アトウェルの教室』ナンシー・アトウェル著、小坂敦子、澤田英輔、吉田新一郎訳、三省堂
- 『成績をハックする――評価を学びにいかす１０の方法』スター・サックシュタイン著、高瀬裕人、吉田新一郎訳、新評論
- 『増補版・作家の時間』プロジェクト・ワークショップ編著、新評論
- 『最高の授業――スパイダー討論が教室を変える』アレキシス・ウィギンズ著、吉田新一郎訳、新評論
- 『遊びが学びに欠かせないわけ――自立した学び手を育てる』ピーター・グレイ著、吉田新一郎訳、築地書館
- 『言葉を選ぶ、授業が変わる!』ピーター・H・ジョンストン著、長田友紀、迎勝彦、吉田新一郎訳、ミネルヴァ書房
- 『読み聞かせは魔法』吉田新一郎著、明治図書出版

吉田新一郎［よしだ・しんいちろう］
茨城県生まれ。1976年、マサチューセッツ工科大学都市計画学部卒業。自治体や企業対象のコンサルティングと国際理解教育センターの運営を経て、現在はライティング・ワークショップ（作家の時間）とリーディング・ワークショップ（読書家の時間）を算数・数学、理科、社会科に応用するプロジェクトを実施中。『ようこそ、一人ひとりをいかす教室へ』『「学びの責任」は誰にあるのか』などの訳書がある。「作家の時間」、「PLC便り」、「WW/RW便り」、「ギヴァーの会」のサイトやブログを運営。本書への質問や情報提供のある方は、pro.workshop@gmail.com 宛にお願いします。

岩瀬直樹［いわせ・なおき］
1970年、北海道生まれ。東京学芸大学大学院教育学研究科修士課程修了。埼玉県の公立小学校教諭として22年間勤め、学習中心の授業・学級・学校づくりに取り組む。2015年に退職後、東京学芸大学教職大学院・准教授に就任。学級経営、カリキュラムデザイン等の授業を通じて、教員養成、現職教員の再教育に取り組んだ。2018年より一般財団法人軽井沢風越学園設立準備財団・副理事長として「幼小中混在校」設立を目指して活動中。著書に『せんせいのつくり方“これでいいのかな”と考えはじめた“わたし”へ』（共著、旬報社、2014年）、『クラスづくりの極意——ぼくら、先生なしでも大丈夫だよ』（農文協、2011年）などがある。

本書は『効果10倍の〈学び〉の技法』（PHP新書、2007年）を増補改訂の上、「パート2 なかなか変わらない学校をどう変える？」を新たに追加して刊行しました。

シンプルな方法で学校は変わる
自分たちに合ったやり方を見つけて学校に変化を起こそう
——効果10倍の〈学び〉の技法　増補改訂版——

2019年3月16日　初版第1刷発行

著　者　　吉田新一郎　岩瀬直樹
発行者　　安　修平
発　行　　株式会社みくに出版
〒150-0021東京都渋谷区恵比寿西2-3-14
電話03-3770-6930　FAX.03-3770-6931
http://www.mikuni-webshop.com/

編集協力　山崎玲子
カバーデザイン・DTP　山中俊幸（クールインク）
印刷・製本　サンエー印刷
ISBN978-4-8403-0740-6 C0037

定価はカバーに表示してあります。